I0089966

# TRANZLATY

## Sprache ist für alle da

## Мова для всіх

# Der Ruf der Wildnis

## Поклик дикої природи

## Jack London
### Джек Лондон

## Deutsch / Українська

Copyright © 2025 Tranzlaty
All rights reserved
Published by Tranzlaty
ISBN: 978-1-80572-790-3
Original text by Jack London
The Call of the Wild
First published in 1903
**www.tranzlaty.com**

## Ins Primitive
## У первісну епоху

**Buck las keine Zeitungen**

Бак не читав газет.

**Hätte er die Zeitung gelesen, hätte er gewusst, dass Ärger im Anzug war.**

Якби він читав газети, то знав би, що назрівають проблеми.

**Nicht nur er selbst, sondern jeder einzelne Tidewater-Hund bekam Ärger.**

Це були проблеми не лише для нього самого, а й для кожного собаки, що мешкає на припливній воді.

**Jeder Hund mit starken Muskeln und warmem, langem Fell würde in Schwierigkeiten geraten.**

Кожен собака, міцний, м'язистий та з довгою теплою шерстю, мав би потрапити в халепу.

**Von Puget Bay bis San Diego konnte kein Hund dem entkommen, was auf ihn zukam.**

Від П'юджет-Бей до Сан-Дієго жоден собака не міг уникнути того, що мало статися.

**Männer, die in der arktischen Dunkelheit herumtasteten, hatten ein gelbes Metall gefunden.**

Чоловіки, навпомацки блукаючи в арктичній темряві, знайшли жовтий метал.

**Dampfschiff- und Transportunternehmen waren auf der Jagd nach der Entdeckung.**

Пароплавні та транспортні компанії полювали на це відкриття.

**Tausende von Männern strömten ins Nordland.**

Тисячі чоловіків поспішали на Північ.

**Diese Männer wollten Hunde, und die Hunde, die sie wollten, waren schwere Hunde.**

Ці чоловіки хотіли собак, і собаки, які вони хотіли, були важкими собаками.

**Hunde mit starken Muskeln, die sie zum Arbeiten brauchen.**

Собаки з сильними м'язами, за допомогою яких можна наполегливо працювати.

**Hunde mit Pelzmantel, der sie vor Frost schützt.**

Собаки з пухнастою шерстю, щоб захистити їх від морозу.

**Buck lebte in einem großen Haus im sonnenverwöhnten Santa Clara Valley.**

Бак жив у великому будинку в сонячній долині Санта-Клара.

**Der Ort, an dem Richter Miller wohnte, wurde sein Haus genannt.**

Будинок судді Міллера, так його називали.

**Sein Haus stand etwas abseits der Straße, halb zwischen den Bäumen versteckt.**

Його будинок стояв осторонь від дороги, наполовину прихований серед дерев.

**Man konnte einen Blick auf die breite Veranda erhaschen, die rund um das Haus verläuft.**

Можна було побачити широку веранду, що оточує будинок.

**Die Zufahrt zum Haus erfolgte über geschotterte Zufahrten.**

До будинку вели гравійні під'їзні шляхи.

**Die Wege schlängelten sich durch weitläufige Rasenflächen.**

Стежки звивались крізь широкі розлогі галявини.

**Über ihnen waren die ineinander verschlungenen Zweige hoher Pappeln.**

Над головою перепліталися гілки високих тополь.

**Auf der Rückseite des Hauses ging es noch geräumiger zu.**

У задній частині будинку було ще просторіше.

**Es gab große Ställe, in denen ein Dutzend Stallknechte plauderten**

Там були великі стайні, де базікали з десяток конюхів

**Es gab Reihen von weinbewachsenen Dienstbotenhäusern**

Там були ряди хатин слуг, обшитих виноградною лозою

**Und es gab eine endlose und ordentliche Reihe von Toilettenhäuschen**

І там був нескінченний та впорядкований ряд
господарських приміщень

**Lange Weinlauben, grüne Weiden, Obstgärten und
Beerenfelder.**

Довгі виноградні альтанки, зелені пасовища, фруктові сади
та ягідні грядки.

**Dann gab es noch die Pumpanlage für den artesischen
Brunnen.**

Потім була насосна станція для артезіанської свердловини.

**Und da war der große Zementtank, der mit Wasser gefüllt
war.**

А там був великий цементний резервуар, наповнений
водою.

**Hier nahmen die Jungs von Richter Miller ihr
morgendliches Bad.**

Тут хлопці судді Міллера здійснили своє ранкове купання.

**Und auch dort kühlten sie sich am heißen Nachmittag ab.**

І вони також охолоджувалися там у спекотний день.

**Und über dieses große Gebiet herrschte Buck über alles.**

І над цим великим володінням усім правив Бак.

**Buck wurde auf diesem Land geboren und lebte hier sein
ganzes vierjähriges Leben.**

Бак народився на цій землі та прожив тут усі свої чотири
роки.

**Es gab zwar noch andere Hunde, aber die spielten keine
wirkliche Rolle.**

Дійсно, були й інші собаки, але вони насправді не мали
значення.

**An einem so riesigen Ort wie diesem wurden andere Hunde
erwartet.**

У такому величезному місці, як це, очікували інших собак.

**Diese Hunde kamen und gingen oder lebten in den
geschäftigen Zwingern.**

Ці собаки приходили та йшли, або жили в людних
вольєрах.

**Manche Hunde lebten versteckt im Haus, wie Toots und
Ysabel.**

Деякі собаки жили захованими в будинку, як-от Тутс та Ізабель.

**Toots war ein japanischer Mops, Ysabel ein mexikanischer Nackthund.**

Тутс був японським мопсом, а Ізабель — мексиканською лисою собакою.

**Diese seltsamen Kreaturen verließen das Haus kaum.**

Ці дивні істоти рідко виходили за межі дому.

**Sie berührten weder den Boden noch schnüffelten sie draußen an der frischen Luft.**

Вони не торкалися землі і не нюхали відкритого повітря надворі.

**Außerdem gab es Foxterrier, mindestens zwanzig an der Zahl.**

Були також фокстер'єри, щонайменше двадцять штук.

**Diese Terrier bellten Toots und Ysabel im Haus wild an.**

Ці тер'єри люто гавкали на Тутса та Ізабель у приміщенні.

**Toots und Ysabel blieben hinter Fenstern, in Sicherheit.**

Тутс та Ізабель залишилися за вікнами, у безпеці від небезпеки.

**Sie wurden von Hausmädchen mit Besen und Wischmopps bewacht.**

Їх охороняли служниці з мітлами та швабрами.

**Aber Buck war kein Haushund und auch kein Zwingerhund.**

Але Бак не був домашнім собакою, і він також не був собакою для собачої собачки.

**Das gesamte Anwesen gehörte Buck als seinem rechtmäßigen Reich.**

Вся власність належала Баку як його законне володіння.

**Buck schwamm im Becken oder ging mit den Söhnen des Richters auf die Jagd.**

Бак плавав у акваріумі або ходив на полювання з синами судді.

**Er ging in den frühen oder späten Morgenstunden mit Mollie und Alice spazieren.**

Він гуляв з Моллі та Алісою рано чи пізно вранці.

**In kalten Nächten lag er mit dem Richter vor dem Kaminfeuer der Bibliothek.**

Холодними ночами він лежав біля каміна в бібліотеці разом із суддею.

**Buck ließ die Enkel des Richters auf seinem starken Rücken herumreiten.**

Бак возив онуків Судді на своїй міцній спині.

**Er wälzte sich mit den Jungen im Gras und bewachte sie genau.**

Він валявся в траві з хлопцями, пильно їх охороняючи.

**Sie wagten sich bis zum Brunnen und sogar an den Beerenfeldern vorbei.**

Вони наважилися підійти до фонтану і навіть пройшли повз ягідні поля.

**Unter den Foxterriern lief Buck immer mit königlichem Stolz.**

Серед фокстер'єрів Бак завжди ходив з королівською гордістю.

**Er ignorierte Toots und Ysabel und behandelte sie, als wären sie Luft.**

Він ігнорував Тутса та Ізабель, ставлячись до них, ніби вони були повітрям.

**Buck herrschte über alle Lebewesen auf Richter Millers Land.**

Бак панував над усіма живими істотами на землі судді Міллера.

**Er herrschte über Tiere, Insekten, Vögel und sogar Menschen**

Він панував над тваринами, комахами, птахами і навіть людьми.

**Bucks Vater Elmo war ein großer und treuer Bernhardiner gewesen.**

Батько Бака, Елмо, був величезним і відданим сенбернаром.

**Elmo wich dem Richter nie von der Seite und diente ihm treu.**

Елмо ніколи не відходив від Судді та вірно служив йому.

**Buck schien bereit, dem edlen Beispiel seines Vaters zu folgen.**

Здавалося, Бак був готовий наслідувати благородний приклад свого батька.

**Buck war nicht ganz so groß und wog hundertvierzig Pfund.**

Бак був не такий великий, важив сто сорок фунтів.

**Seine Mutter Shep war eine schöne schottische Schäferhündin gewesen.**

Його мати, Шеп, була чудовою шотландською вівчаркою.

**Aber selbst mit diesem Gewicht hatte Buck eine königliche Ausstrahlung.**

Але навіть з такою вагою Бак йшов з королівською повагою.

**Dies kam vom guten Essen und dem Respekt, der ihm immer entgegengebracht wurde.**

Це походило від смачної їжі та поваги, яку він завжди отримував.

**Vier Jahre lang hatte Buck wie ein verwöhnter Adliger gelebt.**

Чотири роки Бак жив як розпещений дворянин.

**Er war stolz auf sich und sogar ein wenig egoistisch.**

Він пишався собою і навіть трохи егоїстично ставився.

**Diese Art von Stolz war bei den Herren abgelegener Landstriche weit verbreitet.**

Така гордість була поширена серед володарів віддалених сільських районів.

**Doch Buck hat es vermieden, ein verwöhnter Haushund zu werden.**

Але Бак врятував себе від того, щоб стати розпещеним домашнім собакою.

**Durch die Jagd und das Training blieb er schlank und stark.**

Він залишався струнким і сильним завдяки полюванню та фізичним вправам.

**Er liebte Wasser zutiefst, wie Menschen, die in kalten Seen baden.**

Він глибоко любив воду, як люди, що купаються в холодних озерах.

**Diese Liebe zum Wasser hielt Buck stark und sehr gesund.**

Ця любов до води зберегла Бака сильним і дуже здоровим.

**Dies war der Hund, zu dem Buck im Herbst 1897 geworden war.**

Таким собакою став Бак восени 1897 року.

**Als der Klondike-Angriff die Menschen in den eisigen Norden trieb.**

Коли удар на Клондайку відтягнув чоловіків на замерзлу Північ.

**Menschen aus aller Welt strömten in das kalte Land.**

Люди з усього світу кинулися в холодну землю.

**Buck las jedoch weder die Zeitungen noch verstand er Nachrichten.**

Бак, однак, не читав газет і не розумів новин.

**Er wusste nicht, dass es nicht gut war, Zeit mit Manuel zu verbringen.**

Він не знав, що Мануель — погана людина.

**Manuel, der im Garten half, hatte ein großes Problem.**

Мануель, який допомагав у саду, мав серйозну проблему.

**Manuel war spielsüchtig nach der chinesischen Lotterie.**

Мануель був залежним від азартних ігор у китайській лотереї.

**Er glaubte auch fest an ein festes System zum Gewinnen.**

Він також твердо вірив у фіксовану систему перемоги.

**Dieser Glaube machte sein Scheitern sicher und unvermeidlich.**

Ця віра робила його невдачу неминучою та неминучою.

**Um ein System zu spielen, braucht man Geld, und das fehlte Manuel.**

Гра за системою вимагає грошей, яких у Мануеля не було.

**Sein Gehalt reichte kaum zum Überleben seiner Frau und seiner vielen Kinder.**

Його зарплата ледве дозволяла утримувати дружину та численних дітей.

**In der Nacht, in der Manuel Buck verriet, war alles normal.**

У ніч, коли Мануель зрадив Бака, все було нормально.

**Der Richter war bei einem Treffen der Rosinenanbauervereinigung.**

Суддя був на зустрічі Асоціації виробників родзинок.

**Die Söhne des Richters waren damals damit beschäftigt, einen Sportverein zu gründen.**

Сини судді тоді були зайняті створенням спортивного клубу.

**Niemand sah, wie Manuel und Buck durch den Obstgarten gingen.**

Ніхто не бачив, як Мануель і Бак йшли через сад.

**Buck dachte, dieser Spaziergang sei nur ein einfacher nächtlicher Spaziergang.**

Бак подумав, що ця прогулянка була простою нічною прогулянкою.

**Sie trafen nur einen Mann an der Flaggenstation im College Park.**

На станції прапорів у Коледж-Парку вони зустріли лише одного чоловіка.

**Dieser Mann sprach mit Manuel und sie tauschten Geld aus.**

Той чоловік поговорив з Мануелем, і вони обмінялися грошима.

**„Verpacken Sie die Waren, bevor Sie sie ausliefern", schlug er vor**

«Запакуйте товари, перш ніж доставляти їх», – запропонував він.

**Die Stimme des Mannes war rau und ungeduldig, als er sprach.**

Голос чоловіка був грубим і нетерплячим, коли він говорив.

**Manuel band Buck vorsichtig ein dickes Seil um den Hals.**

Мануель обережно обв'язав товсту мотузку навколо шиї Бака.

**„Verdreh das Seil, und du wirst ihn gründlich erwürgen"**

«Скрутиш мотузку — і ти його як слід задушиш»

**Der Fremde gab ein Grunzen von sich und zeigte damit, dass er gut verstanden hatte.**

Незнайомець щось пробурмотів, показуючи, що добре зрозумів.

**Buck nahm das Seil an diesem Tag mit ruhiger und stiller Würde an.**

Того дня Бак прийняв мотузку спокійно та тихо з гідністю.

**Es war eine ungewöhnliche Tat, aber Buck vertraute den Männern, die er kannte.**

Це був незвичайний вчинок, але Бак довіряв чоловікам, яких знав.

**Er glaubte, dass ihre Weisheit weit über sein eigenes Denken hinausging.**

Він вважав, що їхня мудрість виходить далеко за межі його власного мислення.

**Doch dann wurde das Seil in die Hände des Fremden gegeben**

Але потім мотузку передали до рук незнайомця.

**Buck stieß ein leises, warnendes und zugleich bedrohliches Knurren aus.**

Бак тихо загарчав, але з тихою загрозою.

**Er war stolz und gebieterisch und wollte seinen Unmut zum Ausdruck bringen.**

Він був гордий і владний, і мав намір показати своє невдоволення.

**Buck glaubte, seine Warnung würde als Befehl verstanden werden.**

Бак вважав, що його попередження буде сприйнято як наказ.

**Zu seinem Entsetzen zog sich das Seil schnell um seinen dicken Hals zusammen.**

На його подив, мотузка міцно затягнулася навколо його товстої шиї.

**Ihm blieb die Luft weg und er begann in plötzlicher Wut zu kämpfen.**

Йому перехопило повітря, і він почав битися в раптовому гніві.

**Er sprang auf den Mann zu, der Buck schnell mitten in der Luft traf.**

Він стрибнув на чоловіка, який швидко зустрів Бака в повітрі.

**Der Mann packte Buck am Hals und drehte ihn geschickt in der Luft.**

Чоловік схопив Бака за горло та вміло скрутив його в повітрі.

**Buck wurde hart zu Boden geworfen und landete flach auf dem Rücken.**

Бака сильно кинуло вниз, і він приземлився ниць на спину.

**Das Seil würgte ihn nun grausam, während er wild um sich trat.**

Мотузка жорстоко душила його, поки він шалено бив ногами.

**Seine Zunge fiel heraus, seine Brust hob und senkte sich, doch er bekam keine Luft.**

Його язик випав, груди здіймалися, але дихання не відбувалося.

**Noch nie in seinem Leben war er mit solcher Gewalt behandelt worden.**

З ним ніколи в житті не поводилися так жорстоко.

**Auch war er noch nie zuvor von solch tiefer Wut erfüllt gewesen.**

Він також ніколи раніше не був сповнений такої глибокої люті.

**Doch Bucks Kraft schwand und seine Augen wurden glasig.**

Але сила Бака зникла, а його очі стали скляними.

**Er wurde ohnmächtig, als in der Nähe ein Zug angehalten wurde.**

Він знепритомнів саме тоді, коли неподалік зупинився поїзд.

**Dann warfen ihn die beiden Männer schnell in den Gepäckwagen.**

Потім двоє чоловіків швидко кинули його у багажний вагон.

**Das nächste, was Buck spürte, war ein Schmerz in seiner geschwollenen Zunge.**

Наступне, що Бак відчув, був біль у набряклому язиці.

**Er bewegte sich in einem wackelnden Wagen und war nur schwach bei Bewusstsein.**

Він рухався у тремтячому візку, ледь притомний.

**Das schrille Pfeifen eines Zuges verriet Buck seinen Standort.**

Різкий свист поїзда підказав Баку його місцезнаходження.

**Er war oft mit dem Richter mitgefahren und kannte das Gefühl.**

Він часто їздив верхи з Суддею і знав це відчуття.

**Es war der einzigartige Schock, wieder in einem Gepäckwagen zu reisen.**

Це було неповторне відчуття від подорожі у багажному вагоні знову.

**Buck öffnete die Augen und sein Blick brannte vor Wut.**

Бак розплющив очі, і його погляд палав люттю.

**Dies war der Zorn eines stolzen Königs, der vom Thron gejagt wurde.**

Це був гнів гордого царя, скинутого з трону.

**Ein Mann wollte ihn packen, doch stattdessen schlug Buck zuerst zu.**

Чоловік простягнув руку, щоб схопити його, але Бак вдарив першим.

**Er versenkte seine Zähne in der Hand des Mannes und hielt sie fest.**

Він вп'явся зубами в руку чоловіка і міцно тримав.

**Er ließ nicht los, bis er ein zweites Mal ohnmächtig wurde.**

Він не відпускав, аж поки вдруге не знепритомнів.

**„Ja, hat Anfälle", murmelte der Mann dem Gepäckträger zu.**

«Так, у нього припадки», — пробурмотів чоловік багажнику.

**Der Gepäckträger hatte den Kampf gehört und war näher gekommen.**

Багажник почув боротьбу і підійшов ближче.

**„Ich bringe ihn für den Chef nach Frisco", erklärte der Mann.**

«Я везу його до Фріско до боса», — пояснив чоловік.

„Dort gibt es einen tollen Hundearzt, der sagt, er könne sie heilen."

«Там є чудовий собаківник, який каже, що може їх вилікувати».

Später in der Nacht gab der Mann seinen eigenen ausführlichen Bericht ab.

Пізніше того ж вечора чоловік дав свою повну розповідь.

Er sprach aus einem Schuppen hinter einem Saloon am Hafen.

Він говорив з сараю за салуном на доках.

„Ich habe nur fünfzig Dollar bekommen", beschwerte er sich beim Wirt.

«Мені дали лише п'ятдесят доларів», – поскаржився він працівнику салуну.

„Ich würde es nicht noch einmal tun, nicht einmal für tausend Dollar in bar."

«Я б не зробив цього знову, навіть за тисячу готівкою».

Seine rechte Hand war fest in ein blutiges Tuch gewickelt.

Його права рука була щільно обмотана закривавленою тканиною.

Sein Hosenbein war vom Knie bis zum Fuß weit aufgerissen.

Його штанина була розірвана від коліна до п'яти.

„Wie viel hat der andere Trottel verdient?", fragte der Wirt.

«Скільки отримав інший кухоль?» — спитав працівник салуну.

„Hundert", antwortete der Mann, „einen Cent weniger würde er nicht nehmen."

«Сотню», — відповів чоловік, — «він не візьме ні цента менше».

„Das macht hundertfünfzig", sagte der Kneipenmann.

«Виходить сто п'ятдесят», — сказав працівник салуну.

„Und er ist das alles wert, sonst bin ich nicht besser als ein Dummkopf."

«І він вартий усього цього, бо інакше я не кращий за йолопа».

Der Mann öffnete die Verpackung, um seine Hand zu untersuchen.

Чоловік розгорнув обгортку, щоб оглянути свою руку.

Die Hand war stark zerrissen und mit getrocknetem Blut verkrustet.

Рука була сильно порвана та вкрита кіркою засохлої крові.

„Wenn ich keine Tollwut bekomme ...", begann er zu sagen.

«Якщо в мене не почнеться гідрофобія...» — почав він.

„Das liegt wohl daran, dass du zum Hängen geboren wurdest", ertönte ein Lachen.

«Це буде тому, що ти народився вішати», — пролунав сміх.

„Komm und hilf mir, bevor du gehst", wurde er gebeten.

«Допоможи мені, перш ніж ти підеш», – попросили його.

Buck war von den Schmerzen in seiner Zunge und seinem Hals benommen.

Бак був приголомшений болем у язиці та горлі.

Er war halb erwürgt und konnte kaum noch aufrecht stehen.

Він був наполовину задушений і ледве міг стояти на ногах.

Dennoch versuchte Buck, den Männern gegenüberzutreten, die ihm so viel Leid zugefügt hatten.

І все ж Бак намагався дивитися в очі чоловікам, які так його образили.

Aber sie warfen ihn nieder und würgten ihn erneut.

Але вони знову кинули його на землю та задушили.

Erst dann konnten sie sein schweres Messinghalsband absägen.

Тільки тоді вони змогли відпиляти його важкий латунний нашийник.

Sie entfernten das Seil und stießen ihn in eine Kiste.

Вони зняли мотузку та запхали його в клітку.

Die Kiste war klein und hatte die Form eines groben Eisenkäfigs.

Ящик був невеликий і за формою нагадував грубу залізну клітку.

Buck lag die ganze Nacht dort, voller Zorn und verletztem Stolz.

Бак пролежав там усю ніч, сповнений гніву та ображеної гордості.

**Er konnte nicht einmal ansatzweise verstehen, was mit ihm geschah.**

Він ніяк не міг зрозуміти, що з ним відбувається.

**Warum hielten ihn diese fremden Männer in dieser kleinen Kiste fest?**

Чому ці дивні чоловіки тримали його в цій маленькій клітці?

**Was wollten sie von ihm und warum diese grausame Gefangenschaft?**

Чого вони від нього хотіли, і чому цей жорстокий полон?

**Er spürte einen dunklen Druck, das Gefühl, dass das Unglück näher rückte.**

Він відчував темний тиск; відчуття наближення катастрофи.

**Es war eine vage Angst, die ihn jedoch schwer belastete.**

Це був нечіткий страх, але він важко дав йому на душу.

**Mehrmals sprang er auf, als die Schuppentür klapperte.**

Кілька разів він підстрибував, коли двері сараю загуркотіли.

**Er erwartete, dass der Richter oder die Jungen erscheinen und ihn retten würden.**

Він очікував, що з'явиться Суддя або хлопці та врятує його.

**Doch jedes Mal lugte nur das dicke Gesicht des Wirts hinein.**

Але щоразу всередину заглядало лише огрядне обличчя власника салуну.

**Das Gesicht des Mannes wurde vom schwachen Schein einer Talgkerze erhellt.**

Обличчя чоловіка освітлювало тьмяне сяйво сальній свічки.

**Jedes Mal verwandelte sich Bucks freudiges Bellen in ein leises, wütendes Knurren.**

Щоразу радісний гавкіт Бака змінювався низьким, сердитим гарчанням.

**Der Wirt ließ ihn für die Nacht allein in der Kiste zurück**

Власник салуну залишив його самого на ніч у клітці.

**Aber als er am Morgen aufwachte, kamen noch mehr Männer.**

Але коли він прокинувся вранці, наближалося ще більше чоловіків.

**Vier Männer kamen und hoben die Kiste vorsichtig und wortlos auf.**

Підійшли четверо чоловіків і обережно підняли ящик, не кажучи ні слова.

**Buck wusste sofort, in welcher Situation er sich befand.**

Бак одразу зрозумів, у якому становищі він опинився.

**Sie waren weitere Peiniger, die er bekämpfen und fürchten musste.**

Вони були ще більшими мучителями, з якими йому доводилося боротися та яких він боявся.

**Diese Männer sahen böse, zerlumpt und sehr ungepflegt aus.**

Ці чоловіки виглядали злими, обшарпаними та дуже погано доглянутими.

**Buck knurrte und stürzte sich wild durch die Gitterstäbe auf sie.**

Бак загарчав і люто кинувся на них крізь ґрати.

**Sie lachten nur und stießen mit langen Holzstöcken nach ihm.**

Вони лише сміялися та тикали його довгими дерев'яними палицями.

**Buck biss in die Stöcke, dann wurde ihm klar, dass es das war, was ihnen gefiel.**

Бак покусував палиці, а потім зрозумів, що саме це їм і подобається.

**Also legte er sich ruhig hin, mürrisch und vor stiller Wut brennend.**

Тож він ліг тихо, похмурий і палаючи тихою люттю.

**Sie hoben die Kiste auf einen Wagen und fuhren mit ihm weg.**

Вони завантажили ящик у фургон і поїхали з ним.

**Die Kiste mit Buck darin wechselte oft den Besitzer.**

Ящик, в якому був замкнений Бак, часто переходив з рук в руки.

**Express-Büroangestellte übernahmen die Leitung und kümmerten sich kurz um ihn.**

Клерки експрес-відділення взялися за справу та коротко з ним розібралися.

**Dann transportierte ein anderer Wagen Buck durch die laute Stadt.**

Потім інший фургон повіз Бака через галасливе місто.

**Ein Lastwagen brachte ihn mit Kisten und Paketen auf eine Fähre.**

Вантажівка з коробками та посилками завезла його на пором.

**Nach der Überquerung lud ihn der Lastwagen an einem Bahndepot ab.**

Після перетину вантажівка вивантажила його на залізничному депо.

**Schließlich wurde Buck in einen wartenden Expresswagen gesetzt.**

Нарешті Бака посадили у вагон експреса, що чекав.

**Zwei Tage und Nächte lang zogen Züge den Schnellzug ab.**

Протягом двох днів і ночей поїзди тягнули швидкісний вагон геть.

**Buck hat während der gesamten schmerzhaften Reise weder gegessen noch getrunken.**

Бак не їв і не пив протягом усієї болісної подорожі.

**Als die Expressboten versuchten, sich ihm zu nähern, knurrte er.**

Коли кур'єри спробували підійти до нього, він загарчав.

**Sie reagierten, indem sie ihn verspotteten und grausam hänselten.**

Вони відповіли, насміхаючись з нього та жорстоко дражнячи його.

**Buck warf sich schäumend und zitternd gegen die Gitterstäbe**

Бак кинувся на грати, пінився і тремтів.

**Sie lachten laut und verspotteten ihn wie Schulhofschläger.**
вони голосно сміялися та знущалися з нього, як шкільні хулігани.

**Sie bellten wie falsche Hunde und wedelten mit den Armen.**
Вони гавкали, як фальшиві собаки, і розмахували руками.

**Sie krähten sogar wie Hähne, nur um ihn noch mehr aufzuregen.**
Вони навіть кукурікали, як півні, тільки щоб ще більше його засмутити.

**Es war dummes Verhalten und Buck wusste, dass es lächerlich war.**
Це була дурна поведінка, і Бак знав, що це смішно.

**Doch das verstärkte seine Empörung und Scham nur noch.**
Але це лише посилило його почуття обурення та сорому.

**Der Hunger plagte ihn während der Reise kaum.**
Під час подорожі його не дуже турбував голод.

**Doch der Durst brachte starke Schmerzen und unerträgliches Leiden mit sich.**
Але спрага приносила гострий біль і нестерпні страждання.

**Sein trockener, entzündeter Hals und seine Zunge brannten vor Hitze.**
Його сухе, запалене горло та язик пекли від жару.

**Dieser Schmerz schürte das Fieber, das in seinem stolzen Körper aufstieg.**
Цей біль підживлював жар, що піднімався в його гордому тілі.

**Buck war während dieses Prozesses für eine einzige Sache dankbar.**
Бак був вдячний за одну єдину річ під час цього випробування.

**Das Seil um seinen dicken Hals war entfernt worden.**
Мотузку зняли з його товстої шиї.

**Das Seil hatte diesen Männern einen unfairen und grausamen Vorteil verschafft.**
Мотузка дала цим чоловікам несправедливу та жорстоку перевагу.

**Jetzt war das Seil weg und Buck schwor, dass es nie wieder zurückkommen würde.**

Тепер мотузки не було, і Бак клявся, що вона ніколи не повернеться.

**Er beschloss, sich nie wieder ein Seil um den Hals legen zu lassen.**

Він вирішив, що жодна мотузка більше ніколи не обв'яже його шию.

**Zwei lange Tage und Nächte litt er ohne Essen.**

Протягом двох довгих днів і ночей він страждав без їжі.

**Und in diesen Stunden baute sich in ihm eine enorme Wut auf.**

І в ці години він накопичив у собі величезну лють.

**Seine Augen wurden vor ständiger Wut blutunterlaufen und wild.**

Його очі налилися кров'ю та стали дикими від постійного гніву.

**Er war nicht mehr Buck, sondern ein Dämon mit schnappenden Kiefern.**

Він більше не був Баком, а демоном із клацаючими щелепами.

**Nicht einmal der Richter hätte dieses verrückte Wesen erkannt.**

Навіть Суддя не впізнав би цю божевільну істоту.

**Die Expressboten atmeten erleichtert auf, als sie Seattle erreichten**

Кур'єри зітхнули з полегшенням, коли дісталися до Сіетла.

**Vier Männer hoben die Kiste hoch und brachten sie in einen Hinterhof.**

Четверо чоловіків підняли ящик і винесли його на задній двір.

**Der Hof war klein und von hohen, massiven Mauern umgeben.**

Двір був невеликий, оточений високими та міцними стінами.

**Ein großer Mann in einem ausgeleierten roten Pullover kam heraus.**

Звідти вийшов кремезний чоловік у обвислій червоній сорочці-светрі.

**Mit dicker, kühner Handschrift unterschrieb er das Lieferbuch.**

Він підписав книгу прийому-передачі товстим і жирним почерком.

**Buck spürte sofort, dass dieser Mann sein nächster Peiniger war.**

Бак одразу відчув, що цей чоловік — його наступний мучитель.

**Er stürzte sich heftig auf die Gitterstäbe, die Augen rot vor Wut.**

Він люто кинувся на грати, його очі були червоні від люті.

**Der Mann lächelte nur finster und holte ein Beil.**

Чоловік лише похмуро посміхнувся та пішов по сокирку.

**Er brachte auch eine Keule in seiner dicken und starken rechten Hand mit.**

Він також приніс палицю у своїй товстій і сильній правій руці.

**„Wollen Sie ihn jetzt rausholen?", fragte der Fahrer besorgt.**

«Ви його зараз вивезете?» — стурбовано запитав водій.

**„Sicher", sagte der Mann und rammte das Beil als Hebel in die Kiste.**

«Звичайно», — сказав чоловік, встромляючи сокирку в ящик як важіль.

**Die vier Männer stoben sofort auseinander und sprangen auf die Hofmauer.**

Четверо чоловіків миттєво розбіглися, пострибавши на стіну подвір'я.

**Von ihren sicheren Plätzen oben warteten sie, um das Spektakel zu beobachten.**

Зі своїх безпечних місць угорі вони чекали, щоб спостерігати за видовищем.

**Buck stürzte sich auf das zersplitterte Holz, biss und zitterte heftig.**

Бак кинувся на розколотий ґрунт, кусаючись і люто трясучись.

**Jedes Mal, wenn die Axt den Käfig traf, war Buck da, um ihn anzugreifen.**

Щоразу, як сокира влучала в клітку, Бак був там, щоб напасти на неї.

**Er knurrte und schnappte vor wilder Wut und wollte unbedingt freigelassen werden.**

Він гарчав і огризався з дикою люттю, прагнучи звільнитися.

**Der Mann draußen war ruhig und gelassen und konzentrierte sich auf seine Aufgabe.**

Чоловік надворі був спокійний і врівноважений, зосереджений на своєму завданні.

**„Also gut, du rotäugiger Teufel", sagte er, als das Loch groß war.**

«Гаразд, червоноокий дияволе», — сказав він, коли діра стала великою.

**Er ließ das Beil fallen und nahm die Keule in die rechte Hand.**

Він кинув сокирку і взяв палицю в праву руку.

**Buck sah wirklich aus wie ein Teufel; seine Augen blutunterlaufen und lodernd.**

Бак справді був схожий на диявола; очі налиті кров'ю та палахкотливі.

**Sein Fell sträubte sich, Schaum stand ihm vor dem Mund, seine Augen funkelten.**

Його пальто стало дибки, піна виступала з рота, очі блищали.

**Er spannte seine Muskeln an und sprang direkt auf den roten Pullover zu.**

Він напружив м'язи та кинувся прямо на червоний светр.

**Hundertvierzig Pfund Wut prasselten auf den ruhigen Mann zu.**

Сто сорок фунтів люті полетіли на спокійного чоловіка.

**Kurz bevor er die Zähne zusammenbiss, traf ihn ein schrecklicher Schlag.**

Якраз перед тим, як його щелепи стиснулися, його вдарив жахливий удар.

**Seine Zähne schnappten zusammen, nur Luft war im Spiel.**

Його зуби клацнули, не обхопивши нічого, крім повітря.

**ein Schmerz durchfuhr seinen Körper**

по його тілу пронизав приплив болю

**Er machte einen Überschlag in der Luft und stürzte auf dem Rücken und der Seite zu Boden.**

Він перевернувся в повітрі та впав на спину та бік.

**Er hatte noch nie zuvor einen Knüppelschlag gespürt und konnte ihn nicht begreifen.**

Він ніколи раніше не відчував удару палицею і не міг його збагнути.

**Mit einem kreischenden Knurren, das teils Bellen, teils Schreien war, sprang er erneut.**

З пронизливим гарчанням, частково гавкотом, частково криком, він знову стрибнув.

**Ein weiterer brutaler Schlag traf ihn und schleuderte ihn zu Boden.**

Ще один жорстокий удар вдарив його та кинув на землю.

**Diesmal verstand Buck – es war die schwere Keule des Mannes.**

Цього разу Бак зрозумів — це була важка палиця цього чоловіка.

**Doch die Wut machte ihn blind, und an einen Rückzug dachte er nicht.**

Але лють засліпила його, і він не думав про відступ.

**Zwölfmal stürzte er sich in die Luft, und zwölfmal fiel er.**

Дванадцять разів він кидався вперед і дванадцять разів падав.

**Der Holzknüppel traf ihn jedes Mal mit unbarmherziger, vernichtender Kraft.**

Дерев'яна палиця щоразу розбивала його з безжальною, нищівною силою.

**Nach einem heftigen Schlag kam er benommen und langsam wieder auf die Beine.**

Після одного сильного удару він, приголомшений і повільний, похитуючись підвівся на ноги.

**Blut lief aus seinem Mund, seiner Nase und sogar seinen Ohren.**

Кров текла з його рота, носа і навіть вух.

**Sein einst so schönes Fell war mit blutigem Schaum verschmiert.**

Його колись гарне пальто було заляпане кривавою піною.

**Dann trat der Mann vor und versetzte ihm einen heftigen Schlag auf die Nase.**

Тоді чоловік підійшов і завдав жорстокого удару в ніс.

**Die Qualen waren schlimmer als alles, was Buck je gespürt hatte.**

Біль був сильнішим за будь-що, що Бак коли-небудь відчував.

**Mit einem Brüllen, das eher an ein Tier als an einen Hund erinnerte, sprang er erneut zum Angriff.**

З ревом, скоріше звіриним, ніж собачим, він знову стрибнув в атаку.

**Doch der Mann packte seinen Unterkiefer und drehte ihn nach hinten.**

Але чоловік схопив його за нижню щелепу та вивернув її назад.

**Buck überschlug sich kopfüber und stürzte erneut hart auf den Boden.**

Бак перевернувся головою догори ногами та знову сильно впав.

**Ein letztes Mal stürmte Buck auf ihn zu, jetzt konnte er kaum noch stehen.**

Востаннє Бак кинувся на нього, ледве тримаючись на ногах.

**Der Mann schlug mit perfektem Timing zu und versetzte den letzten Schlag.**

Чоловік завдав вирішального удару з влучним моментом.

**Buck brach bewusstlos und regungslos zusammen.**

Бак звалився купою, непритомний і нерухомий.

„Er ist kein Stümper im Hundezähmen, das sage ich", rief ein Mann.

«Він не лайно чіпляється до собак, ось що я кажу», — крикнув чоловік.

„Druther kann den Willen eines Hundes an jedem Tag der Woche brechen."

«Друтер може зламати волю пса будь-якого дня тижня».

„Und zweimal an einem Sonntag!", fügte der Fahrer hinzu.

«І двічі в неділю!» — додав водій.

Er stieg in den Wagen und ließ die Zügel knacken, um loszufahren.

Він заліз у віз і смикнув поводи, щоб вирушити.

Buck erlangte langsam die Kontrolle über sein Bewusstsein zurück

Бак повільно відновлював контроль над своєю свідомістю

aber sein Körper war noch zu schwach und gebrochen, um sich zu bewegen.

але його тіло було все ще надто слабке та зламане, щоб рухатися.

Er blieb liegen, wo er hingefallen war, und beobachtete den Mann im roten Pullover.

Він лежав там, де впав, спостерігаючи за чоловіком у червоному светрі.

„Er hört auf den Namen Buck", sagte der Mann und las laut vor.

«Він відгукується на ім'я Бак», — сказав чоловік, читаючи вголос.

Er zitierte aus der Notiz und den Einzelheiten, die mit Bucks Kiste geschickt wurden.

Він процитував записку, надіслану разом із ящиком Бака, та подробиці.

„Also, Buck, mein Junge", fuhr der Mann freundlich fort,

«Ну, Баку, хлопчику мій», — продовжив чоловік дружнім тоном,

„Wir hatten unseren kleinen Streit, und jetzt ist es zwischen uns vorbei."

«Ми вже трохи посварилися, і тепер між нами все скінчено».

**„Sie haben Ihren Platz kennengelernt und ich habe meinen kennengelernt", fügte er hinzu.**

«Ти зрозумів своє місце, а я своє», – додав він.

**„Sei brav, dann wird alles gut und das Leben wird angenehm sein."**

«Будьте добрими, і все буде добре, а життя буде приємним».

**„Aber wenn du böse bist, schlage ich dir die Seele aus dem Leib, verstanden?"**

«Але будь поганим, і я тебе відлупцюю, зрозумів?»

**Während er sprach, streckte er die Hand aus und tätschelte Bucks schmerzenden Kopf.**

Говорячи, він простягнув руку і поплескав Бака по хворій голові.

**Bucks Haare stellten sich bei der Berührung des Mannes auf, aber er wehrte sich nicht.**

Волосся Бака стало дибки від дотику чоловіка, але він не чинив опору.

**Der Mann brachte ihm Wasser, das Buck in großen Schlucken trank.**

Чоловік приніс йому води, яку Бак випив великими ковтками.

**Dann kam rohes Fleisch, das Buck Stück für Stück verschlang.**

Потім було сире м'ясо, яке Бак пожирав шматок за шматком.

**Er wusste, dass er geschlagen war, aber er wusste auch, dass er nicht gebrochen war.**

Він знав, що його перемогли, але він також знав, що не зламаний.

**Gegen einen mit einer Keule bewaffneten Mann hatte er keine Chance.**

У нього не було жодних шансів проти чоловіка, озброєного кийком.

**Er hatte die Wahrheit erfahren und diese Lektion nie vergessen.**

Він пізнав правду і ніколи не забував цього уроку.

**Diese Waffe war der Beginn des Gesetzes in Bucks neuer Welt.**

Ця зброя стала початком права в новому світі Бака.

**Es war der Beginn einer harten, primitiven Ordnung, die er nicht leugnen konnte.**

Це був початок суворого, примітивного порядку, який він не міг заперечити.

**Er akzeptierte die Wahrheit; seine wilden Instinkte waren nun erwacht.**

Він прийняв правду; його дикі інстинкти тепер прокинулися.

**Die Welt war härter geworden, aber Buck stellte sich ihr tapfer.**

Світ став суворішим, але Бак мужньо з цим зіткнувся.

**Er begegnete dem Leben mit neuer Vorsicht, List und stiller Stärke.**

Він зустрів життя з новою обережністю, хитрістю та тихою силою.

**Weitere Hunde kamen an, an Seilen oder in Kisten festgebunden, so wie Buck.**

Прибуло ще собак, прив'язаних мотузками або клітками, як і Бака.

**Einige Hunde kamen ruhig, andere tobten und kämpften wie wilde Tiere.**

Деякі собаки приходили спокійно, інші лютували та билися, як дикі звірі.

**Sie alle wurden der Herrschaft des Mannes im roten Pullover unterworfen.**

Усіх їх підкорили чоловікові в червоному светрі.

**Jedes Mal sah Buck zu und sah, wie sich ihm die gleiche Lektion erschloss.**

Щоразу Бак спостерігав і бачив, як розгортається той самий урок.

**Der Mann mit der Keule war das Gesetz, ein Herr, dem man gehorchen musste.**

Чоловік з палицею був законом; господарем, якому треба було слухатися.

**Er musste nicht gemocht werden, aber man musste ihm gehorchen.**

Йому не потрібно було подобатися, але йому потрібно було слухатися.

**Buck schmeichelte oder wedelte nie mit dem Schwanz, wie es die schwächeren Hunde taten.**

Бак ніколи не підлабузувався і не виляв лапами, як це робили слабші собаки.

**Er sah Hunde, die geschlagen wurden und trotzdem die Hand des Mannes leckten.**

Він побачив побитих собак і все одно лизав руку чоловіка.

**Er sah einen Hund, der überhaupt nicht gehorchte oder sich unterwarf.**

Він побачив одного собаку, який зовсім не слухався і не підкорявся.

**Dieser Hund kämpfte, bis er im Kampf um die Kontrolle getötet wurde.**

Той собака бився, доки його не вбили в битві за контроль.

**Manchmal kamen Fremde, um den Mann im roten Pullover zu sehen.**

Іноді до чоловіка в червоному светрі приходили незнайомці.

**Sie sprachen in seltsamem Ton, flehten, feilschten und lachten.**

Вони розмовляли дивними тонами, благали, торгувалися та сміялися.

**Als das Geld ausgetauscht wurde, gingen sie mit einem oder mehreren Hunden.**

Коли обмінювали гроші, вони йшли з одним або кількома собаками.

**Buck fragte sich, wohin diese Hunde gingen, denn keiner kam jemals zurück.**

Бак задумався, куди поділися ці собаки, бо жоден з них так і не повернувся.

**Angst vor dem Unbekannten erfüllte Buck jedes Mal, wenn ein fremder Mann kam**

Страх невідомого сповнював Бака щоразу, коли приходив незнайомий чоловік

**Er war jedes Mal froh, wenn ein anderer Hund mitgenommen wurde und nicht er selbst.**

Він радів щоразу, коли забирали іншого собаку, а не себе.

**Doch schließlich kam Buck an die Reihe, als ein fremder Mann eintraf.**

Але нарешті настала черга Бака з приходом дивного чоловіка.

**Er war klein, drahtig und sprach gebrochenes Englisch und fluchte.**

Він був маленький, жилистий, розмовляв ламаною англійською та лаявся.

**„Heilig!", schrie er, als er Bucks Gestalt erblickte.**

«Святий!» — крикнув він, побачивши Бака.

**„Das ist aber ein verdammter Rüpel! Wie viel?", fragte er laut.**

«Ось який клятий пес-хуліган! Га? Скільки?» — спитав він уголос.

**„Dreihundert, und für diesen Preis ist er ein Geschenk."**

«Триста, і за таку ціну він — справжній подарунок»,

**„Da es sich um staatliche Gelder handelt, sollten Sie sich nicht beschweren, Perrault."**

«Оскільки це державні гроші, тобі не варто скаржитися, Перро».

**Perrault grinste über den Deal, den er gerade mit dem Mann gemacht hatte.**

Перро посміхнувся угоді, яку щойно уклав з цим чоловіком.

**Aufgrund der plötzlichen Nachfrage waren die Preise für Hunde in die Höhe geschossen.**

Ціна на собак різко зросла через раптовий попит.

**Dreihundert Dollar waren für so ein tolles Tier nicht unfair.**

Триста доларів – це не шкода для такого чудового звіра.

**Die kanadische Regierung würde bei dem Abkommen nichts verlieren**

Уряд Канади нічого не втратить від угоди

**Auch ihre offiziellen Depeschen würden während des Transports nicht verzögert.**

Також їхні офіційні відправлення не затримуватимуться під час транспортування.

**Perrault kannte sich gut mit Hunden aus und erkannte, dass Buck etwas Seltenes war.**

Перро добре знав собак і бачив, що Бак — це щось рідкісне.

**„Einer von zehntausend", dachte er, als er Bucks Körperbau betrachtete.**

«Один з десяти десяти тисяч», – подумав він, вивчаючи статуру Бака.

**Buck sah, wie das Geld den Besitzer wechselte, zeigte sich jedoch nicht überrascht.**

Бак бачив, як гроші переходили з рук в руки, але не виявляв здивування.

**Bald wurden er und Curly, ein sanfter Neufundländer, weggeführt.**

Невдовзі його та Кучерява, лагідного ньюфаундленда, повели геть.

**Sie folgten dem kleinen Mann aus dem Hof des roten Pullovers.**

Вони пішли за маленьким чоловічком з подвір'я червоного светра.

**Das war das letzte Mal, dass Buck den Mann mit der Holzkeule sah.**

Це був останній раз, коли Бак бачив чоловіка з дерев'яною палицею.

**Vom Deck der Narwhal aus beobachtete er, wie Seattle in der Ferne verschwand.**

З палуби «Нарвала» він спостерігав, як Сіетл зникає вдалині.

**Es war auch das letzte Mal, dass er das warme Südland sah.**

Це також був останній раз, коли він бачив теплу Південну землю.

**Perrault brachte sie unter Deck und ließ sie bei François zurück.**

Перро відвів їх під палубу і залишив із Франсуа.

**François war ein Riese mit schwarzem Gesicht und rauen, schwieligen Händen.**

Франсуа був чорнолицьим велетнем із шорсткими, мозолистими руками.

**Er war dunkelhäutig und hatte eine dunkle Hautfarbe, ein französisch-kanadischer Mischling.**

Він був темноволосий і смаглявий; метис франкоканадця.

**Für Buck waren diese Männer von einer Art, die er noch nie zuvor gesehen hatte.**

Бак здавався йому такими, яких він ніколи раніше не бачив.

**Er würde in den kommenden Tagen viele solcher Männer kennenlernen.**

У найближчі дні він познайомиться з багатьма такими чоловіками.

**Er konnte sie zwar nicht lieb gewinnen, aber er begann, sie zu respektieren.**

Він не полюбив їх, але почав поважати.

**Sie waren fair und weise und ließen sich von keinem Hund so leicht täuschen.**

Вони були справедливими та мудрими, і жодному собаці їх нелегко було обдурити.

**Sie beurteilten Hunde ruhig und bestraften sie nur, wenn es angebracht war.**

Вони спокійно судили собак і карали лише тоді, коли вони були на це заслуговували.

**Im Unterdeck der Narwhal trafen Buck und Curly zwei Hunde.**

На нижній палубі «Нарвала» Бак і Кучерява зустріли двох собак.

**Einer war ein großer weißer Hund aus dem fernen, eisigen Spitzbergen.**

Один з них був великий білий собака з далекого, крижаного Шпіцбергена.

**Er war einmal mit einem Walfänger gesegelt und hatte sich einer Erkundungsgruppe angeschlossen.**

Колись він плавав з китобійним судном і приєднався до дослідницької групи.

**Er war auf eine schlaue, hinterhältige und listige Art freundlich.**

Він був дружелюбним, але хитрим, підступним та хитрим.

**Bei ihrer ersten Mahlzeit stahl er ein Stück Fleisch aus Bucks Pfanne.**

Під час їхнього першого прийому їжі він украв шматок м'яса з Бакової сковороди.

**Buck sprang, um ihn zu bestrafen, aber François' Peitsche schlug zuerst zu.**

Бак стрибнув, щоб покарати його, але батіг Франсуа вдарив першим.

**Der weiße Dieb schrie auf und Buck holte sich den gestohlenen Knochen zurück.**

Білий злодій скрикнув, і Бак забрав собі вкрадену кістку.

**Diese Fairness beeindruckte Buck und François verdiente sich seinen Respekt.**

Така справедливість вразила Бака, і Франсуа заслужив його повагу.

**Der andere Hund grüßte nicht und wollte auch nichts zurück.**

Інший собака не привітався і не потребував жодної відповіді у відповідь.

**Er stahl weder Essen noch beschnüffelte er die Neuankömmlinge interessiert.**

Він не крав їжі і не обнюхував новоприбулих з цікавістю.

**Dieser Hund war grimmig und ruhig, düster und bewegte sich langsam.**

Цей собака був похмурим і тихим, похмурим і повільним.

**Er warnte Curly, sich fernzuhalten, indem er sie einfach anstarrte.**

Він попередив Кучерява триматися подалі, просто глянувши на неї.

**Seine Botschaft war klar: Lass mich in Ruhe, sonst gibt es Ärger.**

Його послання було чітким: залиште мене в спокої, або будуть проблеми.

**Er hieß Dave und nahm seine Umgebung kaum wahr.**

Його звали Дейв, і він ледве помічав, що відбувається навколо.

**Er schlief oft, aß ruhig und gähnte ab und zu.**

Він часто спав, тихо їв і час від часу позіхав.


**Das Schiff summte ständig, während unten der Propeller schlug.**

Корабель безперервно гудів, а внизу бив гвинт.

**Die Tage vergingen, ohne dass sich viel änderte, aber das Wetter wurde kälter.**

Дні минали майже без змін, але погода ставала холоднішою.

**Buck spürte es in seinen Knochen und bemerkte, dass es den anderen genauso ging.**

Бак відчував це аж до кісток і помітив, що інші теж.

**Dann blieb eines Morgens der Propeller stehen und alles war still.**

Потім одного ранку пропелер зупинився, і все стихло.

**Eine Energie durchströmte das Schiff; etwas hatte sich verändert.**

Корабель пронизала енергія; щось змінилося.

**François kam herunter, legte ihnen die Leinen an und brachte sie hoch.**

Франсуа спустився вниз, прив'язав їх на повідки та вивів нагору.

**Buck stieg aus und fand den Boden weich, weiß und kalt.**

Бак вийшов і побачив, що земля м'яка, біла та холодна.

**Er sprang erschrocken zurück und schnaubte völlig verwirrt.**

Він стривожено відскочив назад і пирхнув у повній розгубленості.

**Seltsames weißes Zeug fiel vom grauen Himmel.**

З сірого неба падала дивна біла речовина.

**Er schüttelte sich, aber die weißen Flocken landeten immer wieder auf ihm.**

Він струсив себе, але білі смужки продовжували падати на нього.

**Er roch vorsichtig an dem weißen Zeug und leckte an ein paar eisigen Stückchen.**

Він обережно понюхав білу речовину та злизав кілька крижаних шматочків.

**Das Pulver brannte wie Feuer und verschwand dann einfach von seiner Zunge.**

Порошок пек, як вогонь, а потім просто зник з його язика.

**Buck versuchte es noch einmal und war verwirrt über die seltsame, verschwindende Kälte.**

Бак спробував ще раз, здивований дивним зникаючим холодом.

**Die Männer um ihn herum lachten und Buck war verlegen.**

Чоловіки навколо нього засміялися, і Баку стало ніяково.

**Er wusste nicht warum, aber er schämte sich für seine Reaktion.**

Він не знав чому, але йому було соромно за свою реакцію.

**Es war seine erste Erfahrung mit Schnee und es verwirrte ihn.**

Це був його перший досвід зі снігом, і це його збентежило.

## Das Gesetz von Keule und Fang
Закон палиці та ікла

**Bucks erster Tag am Strand von Dyea fühlte sich wie ein schrecklicher Albtraum an.**

Перший день Бака на пляжі Дайя був схожий на жахливий кошмар.

**Jede Stunde brachte neue Schocks und unerwartete Veränderungen für Buck.**

Кожна година приносила Баку нові сюрпризи та несподівані зміни.

**Er war aus der Zivilisation gerissen und ins wilde Chaos gestürzt worden.**

Його вирвали з цивілізації та кинули в дикий хаос.

**Dies war kein sonniges, faules Leben mit Langeweile und Ruhe.**

Це не було сонячне, ліниве життя з нудьгою та відпочинком.

**Es gab keinen Frieden, keine Ruhe und keinen Moment ohne Gefahr.**

Не було ні спокою, ні відпочинку, ні хвилини без небезпеки.

**Überall herrschte Verwirrung und die Gefahr war immer in der Nähe.**

Усім панувала плутанина, а небезпека завжди була поруч.

**Buck musste wachsam bleiben, denn diese Männer und Hunde waren anders.**

Баку доводилося бути напоготові, бо ці чоловіки та собаки були іншими.

**Sie kamen nicht aus der Stadt, sie waren wild und gnadenlos.**

Вони не були з міст; вони були дикі та безжальні.

**Diese Männer und Hunde kannten nur das Gesetz der Keule und der Reißzähne.**

Ці чоловіки та собаки знали лише закон палиці та ікла.

**Buck hatte noch nie Hunde so kämpfen sehen wie diese wilden Huskys.**

Бак ніколи не бачив, щоб собаки билися так, як ці дикі хаскі.

**Seine erste Erfahrung lehrte ihn eine Lektion, die er nie vergessen würde.**

Його перший досвід навчив його уроку, який він ніколи не забуде.

**Er hatte Glück, dass er es nicht war, sonst wäre auch er gestorben.**

Йому пощастило, що це був не він, інакше він би теж загинув.

**Curly war derjenige, der litt, während Buck zusah und lernte.**

Кучерява був тим, хто страждав, поки Бак спостерігав і навчався.

**Sie hatten ihr Lager in der Nähe eines aus Baumstämmen gebauten Ladens aufgeschlagen.**

Вони розбили табір біля магазину, збудованого з колод.

**Curly versuchte, einem großen, wolfsähnlichen Husky gegenüber freundlich zu sein.**

Кучерява намагався бути привітним до великої, схожої на вовка хаскі.

**Der Husky war kleiner als Curly, sah aber wild und böse aus.**

Хаскі був менший за Кучерява, але виглядав диким і злим.

**Ohne Vorwarnung sprang er auf und schlug ihr ins Gesicht.**

Без попередження він стрибнув і розрізав їй обличчя.

**Seine Zähne schnitten in einer Bewegung von ihrem Auge bis zu ihrem Kiefer.**

Його зуби одним рухом прорізали їй все від ока до щелепи.

**So kämpften Wölfe: Sie schlugen schnell zu und sprangen weg.**

Ось так билися вовки — швидко вдаряли та відстрибували.

**Aber es gab mehr zu lernen als nur diesen einen Angriff.**

Але з цієї однієї атаки можна було навчитися не лише цього разу.

**Dutzende Huskys stürmten herein und bildeten einen stillen Kreis.**

Десятки хаскі кинулися всередину та утворили мовчазне коло.

**Sie schauten aufmerksam zu und leckten sich hungrig die Lippen.**

Вони уважно спостерігали та облизували губи від голоду.

**Buck verstand weder ihr Schweigen noch ihre begierigen Blicke.**

Бак не розумів ні їхнього мовчання, ні їхніх нетерплячих очей.

**Curly stürzte sich ein zweites Mal auf den Husky, um ihn anzugreifen.**

Кучерява кинувся атакувати хаскі вдруге.

**Mit einer kräftigen Bewegung seiner Brust warf er sie um.**

Він сильним рухом грудьми збив її з ніг.

**Sie fiel auf die Seite und konnte nicht wieder aufstehen.**

Вона впала на бік і не змогла підвестися.

**Darauf hatten die anderen die ganze Zeit gewartet.**

Саме цього всі інші чекали весь цей час.

**Die Huskies sprangen sie an und jaulten und knurrten wie wild.**

Хаскі стрибнули на неї, шалено верещачи та гарчачи.

**Sie schrie, als sie unter einem Haufen Hunde begruben.**

Вона кричала, коли її ховали під купою собак.

**Der Angriff erfolgte so schnell, dass Buck vor Schreck erstarrte.**

Атака була такою швидкою, що Бак завмер на місці від шоку.

**Er sah, wie Spitz die Zunge herausstreckte, als würde er lachen.**

Він побачив, як Шпіц показав язика, схоже на сміх.

**François schnappte sich eine Axt und rannte direkt in die Hundegruppe hinein.**

Франсуа схопив сокиру та побіг прямо на групу собак.

**Drei weitere Männer halfen mit Knüppeln, die Huskies zu vertreiben.**

Троє інших чоловіків використовували кийки, щоб допомогти відігнати хаскі.

**In nur zwei Minuten war der Kampf vorbei und die Hunde waren verschwunden.**

Всього за дві хвилини бійка закінчилася, і собаки зникли.

**Curly lag tot im roten, zertrampelten Schnee, ihr Körper war zerfetzt.**

Кучерява лежала мертва на червоному, втоптаному снігу, її тіло було розірване на шматки.

**Ein dunkelhäutiger Mann stand über ihr und verfluchte die brutale Szene.**

Темношкірий чоловік стояв над нею, проклинаючи цю жорстоку сцену.

**Die Erinnerung blieb bei Buck und verfolgte ihn nachts in seinen Träumen.**

Спогад залишився з Баком і переслідував його сни вночі.

**So war es hier: keine Fairness, keine zweite Chance.**

Так було тут: без справедливості немає другого шансу.

**Sobald ein Hund fiel, töteten die anderen ihn gnadenlos.**

Як тільки собака падає, інші вбивають його без милосердя.

**Buck beschloss damals, dass er niemals zulassen würde, dass er fällt.**

Тоді Бак вирішив, що ніколи не дозволить собі впасти.

**Spitz streckte erneut die Zunge heraus und lachte über das Blut.**

Шпіц знову показав язика і засміявся з крові.

**Von diesem Moment an hasste Buck Spitz aus vollem Herzen.**

З тієї миті Бак зненавидів Шпіца всім серцем.


**Bevor Buck sich von Curlys Tod erholen konnte, passierte etwas Neues.**

Перш ніж Бак встиг оговтатися від смерті Кучерява, сталося щось нове.

**François kam herüber und schnallte etwas um Bucks Körper.**

Франсуа підійшов і чимось обв'язав Бака.

**Es war ein Geschirr wie das, das auf der Ranch für Pferde verwendet wurde.**

Це була упряж, схожа на ту, що використовується для коней на ранчо.

**Buck hatte gesehen, wie Pferde arbeiteten, und nun musste auch er arbeiten.**

Як Бак бачив, як працюють коні, тепер його теж змусили працювати.

**Er musste François auf einem Schlitten in den nahegelegenen Wald ziehen.**

Йому довелося тягнути Франсуа на санчатах до сусіднього лісу.

**Anschließend musste er eine Ladung schweres Brennholz zurückziehen.**

Тоді йому довелося тягнути назад купу важких дров.

**Buck war stolz und deshalb tat es ihm weh, wie ein Arbeitstier behandelt zu werden.**

Бак був гордий, тому йому було боляче, що до нього ставилися як до робочої тварини.

**Aber er war klug und versuchte nicht, gegen die neue Situation anzukämpfen.**

Але він був мудрим і не намагався боротися з новою ситуацією.

**Er akzeptierte sein neues Leben und gab bei jeder Aufgabe sein Bestes.**

Він прийняв своє нове життя і віддавався всім своїм силам у кожній справі.

**Alles an der Arbeit war ihm fremd und ungewohnt.**

Все в цій роботі було для нього дивним і незнайомим.

**François war streng und verlangte unverzüglichen Gehorsam.**

Франсуа був суворим і вимагав послуху без зволікання.

**Seine Peitsche sorgte dafür, dass jeder Befehl sofort befolgt wurde.**

Його батіг стежив за тим, щоб кожна команда виконувалася одразу.

**Dave war der Schlittenführer, der Hund, der dem Schlitten hinter Buck am nächsten war.**

Дейв був візником, собакою, що йшов найближче до саней позаду Бака.

**Dave biss Buck in die Hinterbeine, wenn er einen Fehler machte.**

Дейв кусав Бака за задні лапи, якщо той помилявся.

**Spitz war der Leithund und in dieser Rolle geschickt und erfahren.**

Шпіц був провідним собакою, вправним та досвідченим у цій ролі.

**Spitz konnte Buck nicht leicht erreichen, korrigierte ihn aber trotzdem.**

Шпіц не міг легко достукатися до Бака, але все ж виправив його.

**Er knurrte barsch oder zog den Schlitten auf eine Art, die Buck etwas beibrachte.**

Він різко гарчав або тягнув сани так, що Бак цього навчив.

**Durch dieses Training lernte Buck schneller, als alle erwartet hatten.**

Завдяки цьому навчанню Бак навчався швидше, ніж будь-хто з них очікував.

**Er hat hart gearbeitet und sowohl von François als auch von den anderen Hunden gelernt.**

Він наполегливо працював і навчався як у Франсуа, так і у інших собак.

**Als sie zurückkamen, kannte Buck die wichtigsten Befehle bereits.**

На час їхнього повернення Бак вже знав ключові команди.

**Von François hat er gelernt, beim Laut „ho" anzuhalten.**

Він навчився зупинятися на звуку «хо» від Франсуа.

**Er lernte, wann er den Schlitten ziehen und rennen musste.**

Він навчився, коли доводилося тягнути сани та бігти.

**Er lernte, in den Kurven des Weges ohne Probleme weit abzubiegen.**

Він навчився без проблем широко повертати на поворотах стежки.

**Er lernte auch, Dave auszuweichen, wenn der Schlitten schnell bergab fuhr.**

Він також навчився уникати Дейва, коли сани швидко котилися вниз.

**„Das sind sehr gute Hunde", sagte François stolz zu Perrault.**

«Це дуже хороші собаки», — гордо сказав Франсуа Перро.

**„Dieser Buck zieht wie der Teufel – ich bringe ihm das so schnell bei, wie ich nur kann."**

«Цей Бак тягне, як чорт, — я вчу його дуже швидко».


**Später am Tag kam Perrault mit zwei weiteren Huskys zurück.**

Пізніше того ж дня Перро повернувся ще з двома хаскі.

**Ihre Namen waren Billee und Joe und sie waren Brüder.**

Їх звали Біллі та Джо, і вони були братами.

**Sie stammten von derselben Mutter, waren sich aber überhaupt nicht ähnlich.**

Вони походили від однієї матері, але були зовсім не схожі.

**Billee war gutmütig und zu allen sehr freundlich.**

Біллі була добродушною та надто дружньою з усіма.

**Joe war das Gegenteil – ruhig, wütend und immer am Knurren.**

Джо був протилежністю — тихий, злий і завжди гарчав.

**Buck begrüßte sie freundlich und blieb beiden gegenüber ruhig.**

Бак привітав їх дружелюбно і був спокійний з обома.

**Dave schenkte ihnen keine Beachtung und blieb wie üblich still.**

Дейв не звернув на них уваги і, як завжди, мовчав.

**Um seine Dominanz zu demonstrieren, griff Spitz zuerst Billee und dann Joe an.**

Шпіц атакував спочатку Біллі, потім Джо, щоб показати своє панування.

**Billee wedelte mit dem Schwanz und versuchte, freundlich zu Spitz zu sein.**

Біллі виляв хвостом і намагався бути привітним до Шпіца.

**Als das nicht funktionierte, versuchte er stattdessen wegzulaufen.**

Коли це не спрацювало, він натомість спробував втекти.

**Er weinte traurig, als Spitz ihn fest in die Seite biss.**

Він сумно заплакав, коли Шпіц сильно вкусив його в бік.

**Aber Joe war ganz anders und ließ sich nicht einschüchtern.**

Але Джо був зовсім іншим і відмовився піддаватися знущанням.

**Jedes Mal, wenn Spitz näher kam, drehte sich Joe schnell um, um ihm in die Augen zu sehen.**

Щоразу, як Шпіц наближався, Джо швидко обертався до нього обличчям.

**Sein Fell sträubte sich, seine Lippen kräuselten sich und seine Zähne schnappten wild.**

Його хутро стало дибки, губи скривилися, а зуби шалено клацнули.

**Joes Augen glänzten vor Angst und Wut und forderten Spitz heraus, zuzuschlagen.**

Очі Джо блищали від страху та люті, він провокував Шпіца на удар.

**Spitz gab den Kampf auf und wandte sich gedemütigt und wütend ab.**

Шпіц припинив бій і відвернувся, принижений і розгніваний.

**Er ließ seine Frustration an dem armen Billee aus und jagte ihn davon.**

Він вилив своє роздратування на бідолашному Біллі та прогнав його.

**An diesem Abend fügte Perrault dem Team einen weiteren Hund hinzu.**

Того вечора Перро додав до команди ще одного собаку.

**Dieser Hund war alt, mager und mit Kampfnarben übersät.**

Цей собака був старий, худий і вкритий бойовими шрамами.

**Eines seiner Augen fehlte, doch das andere blitzte kraftvoll auf.**

Одне його око було відсутнє, але інше блищало силою.

**Der neue Hund hieß Solleks, was „der Wütende" bedeutet.**

Нового собаку звали Соллекс, що означало Розлючений.

**Wie Dave verlangte Solleks nichts von anderen und gab nichts zurück.**

Як і Дейв, Соллекс нічого не просив від інших і нічого не давав натомість.

**Als Solleks langsam ins Lager ging, blieb sogar Spitz fern.**

Коли Соллекс повільно зайшов до табору, навіть Шпіц залишився осторонь.

**Er hatte eine seltsame Angewohnheit, die Buck unglücklicherweise entdeckte.**

У нього була дивна звичка, яку Баку, на жаль, не вдалося виявити.

**Solleks hasste es, von der Seite angesprochen zu werden, auf der er blind war.**

Соллекс ненавидів, коли до нього підходили з того боку, де він був сліпий.

**Buck wusste das nicht und machte diesen Fehler versehentlich.**

Бак цього не знав і випадково зробив цю помилку.

**Solleks wirbelte herum und versetzte Buck einen schnellen, tiefen Schlag auf die Schulter.**

Соллекс обернувся і швидко й глибоко вдарив Бака по плечу.

**Von diesem Moment an kam Buck nie wieder in die Nähe von Solleks' blinder Seite.**

З того моменту Бак ніколи не наближався до сліпого боку Соллекса.

**Für den Rest ihrer gemeinsamen Zeit gab es nie wieder Probleme.**

У них більше ніколи не було проблем до кінця їхнього спільного життя.

**Solleks wollte nur in Ruhe gelassen werden, wie der ruhige Dave.**

Соллекс хотів лише, щоб його залишили в спокої, як тихий Дейв.

**Doch Buck erfuhr später, dass jeder von ihnen ein anderes geheimes Ziel hatte.**

Але пізніше Бак дізнався, що у кожного з них була ще одна таємна мета.

**In dieser Nacht stand Buck vor einer neuen und beunruhigenden Herausforderung: Wie sollte er schlafen?**

Тієї ночі Бак зіткнувся з новим і тривожним випробуванням — як спати.

**Das Zelt leuchtete warm im Kerzenlicht auf dem schneebedeckten Feld.**

Намет тепло світився світлом свічок на засніженому полі.

**Buck ging hinein und dachte, er könnte sich dort wie zuvor ausruhen.**

Бак зайшов всередину, думаючи, що зможе відпочити там, як і раніше.

**Aber Perrault und François schrien ihn an und warfen Pfannen.**

Але Перро та Франсуа кричали на нього та кидали сковорідки.

**Schockiert und verwirrt rannte Buck in die eisige Kälte hinaus.**

Шокований і збентежений, Бак вибіг на крижаний мороз.

**Ein bitterkalter Wind stach ihm in die verletzte Schulter und ließ seine Pfoten erfrieren.**

Пронизливий вітер щипав його поранене плече та відморозив лапи.

**Er legte sich in den Schnee und versuchte, im Freien zu schlafen.**

Він ліг на сніг і спробував спати просто неба.

**Doch die Kälte zwang ihn bald, heftig zitternd wieder aufzustehen.**

Але холод невдовзі змусив його знову встати, сильно тремтячи.

**Er wanderte durch das Lager und versuchte, ein wärmeres Plätzchen zu finden.**

Він блукав табором, намагаючись знайти тепліше місце.

**Aber jede Ecke war genauso kalt wie die vorherige.**

Але кожен куточок був таким же холодним, як і попередній.

**Manchmal sprangen ihn wilde Hunde aus der Dunkelheit an.**

Іноді на нього з темряви стрибали дикі собаки.

**Buck sträubte sein Fell, fletschte die Zähne und knurrte warnend.**

Бак наїжачився, вишкірився та застережливо загарчав.

**Er lernte schnell und die anderen Hunde zogen sich schnell zurück.**

Він швидко навчався, а інші собаки швидко відступали.

**Trotzdem hatte er keinen Platz zum Schlafen und keine Ahnung, was er tun sollte.**

Однак у нього не було де спати, і він не знав, що робити.

**Endlich kam ihm ein Gedanke: Er sollte nach seinen Teamkollegen sehen.**

Нарешті йому спала на думку думка — перевірити своїх товаришів по команді.

**Er kehrte in ihre Gegend zurück und war überrascht, dass sie verschwunden waren.**

Він повернувся до їхньої місцевості і здивувався, виявив, що їх немає.

**Erneut durchsuchte er das Lager, konnte sie jedoch immer noch nicht finden.**

Він знову обшукав табір, але так і не зміг їх знайти.

**Er wusste, dass sie nicht im Zelt sein durften, sonst wäre er auch dort gewesen.**

Він знав, що вони не можуть бути в наметі, бо інакше він теж би там був.

**Wo also waren all die Hunde in diesem eisigen Lager geblieben?**

То куди ж поділися всі собаки в цьому замерзлому таборі?

**Buck, kalt und elend, umrundete langsam das Zelt.**

Бак, змерзлий і нещасний, повільно кружляв навколо намету.

**Plötzlich sanken seine Vorderbeine in den weichen Schnee und er erschrak.**

Раптом його передні лапи загрузли в м'який сніг і злякали його.

**Etwas zappelte unter seinen Füßen und er sprang ängstlich zurück.**

Щось заворушилося під його ногами, і він відскочив назад від страху.

**Er knurrte und fauchte, ohne zu wissen, was sich unter dem Schnee verbarg.**

Він гарчав і гарчав, не знаючи, що ховається під снігом.

**Dann hörte er ein freundliches kleines Bellen, das seine Angst linderte.**

Потім він почув дружній тихий гавкіт, який розвіяв його страх.

**Er schnüffelte in der Luft und kam näher, um zu sehen, was verborgen war.**

Він понюхав повітря і підійшов ближче, щоб побачити, що приховано.

**Unter dem Schnee lag, zu einer warmen Kugel zusammengerollt, der kleine Billee.**

Під снігом, згорнувшись у теплу клубочку, лежала маленька Біллі.

**Billee wedelte mit dem Schwanz und leckte Bucks Gesicht zur Begrüßung.**

Біллі виляв хвостом і лизнув Бака в обличчя, вітаючи його.

**Buck sah, wie Billee im Schnee einen Schlafplatz gebaut hatte.**

Бак побачив, як Біллі влаштував собі місце для сну в снігу.

**Er hatte sich eingegraben und nutzte seine eigene Wärme, um sich warm zu halten.**

Він викопав землю і зігрівся власним теплом.

**Buck hatte eine weitere Lektion gelernt – so schliefen die Hunde.**

Бак засвоїв ще один урок — собаки спали саме так.

**Er suchte sich eine Stelle aus und begann, sein eigenes Loch in den Schnee zu graben.**

Він вибрав місце і почав копати собі нору в снігу.

**Anfangs bewegte er sich zu viel und verschwendete Energie.**

Спочатку він занадто багато рухався і марнував енергію.

**Doch bald erwärmte sein Körper den Raum und er fühlte sich sicher.**

Але невдовзі його тіло зігріло простір, і він відчув себе в безпеці.

**Er rollte sich fest zusammen und schlief bald fest.**

Він міцно згорнувся калачиком і невдовзі міцно заснув.

**Der Tag war lang und hart gewesen und Buck war erschöpft.**

День був довгий і важкий, і Бак був виснажений.

**Er schlief tief und fest, obwohl seine Träume wild waren.**

Він спав міцно та комфортно, хоча снилися йому шалено.

**Er knurrte und bellte im Schlaf und wand sich im Traum.**

Він гарчав і гавкав уві сні, крутячись уві сні.


**Buck wachte erst auf, als im Lager bereits Leben erwachte.**

Бак не прокинувся, поки табір не почав оживати.

**Zuerst wusste er nicht, wo er war oder was passiert war.**

Спочатку він не знав, де він і що сталося.

**Über Nacht war Schnee gefallen und hatte seinen Körper vollständig begraben.**

Сніг випав уночі та повністю поховав його тіло.

**Der Schnee umgab ihn von allen Seiten dicht.**

Сніг тиснув навколо нього, щільно обвіваючи його з усіх боків.

**Plötzlich durchfuhr eine Welle der Angst Bucks ganzen Körper.**

Раптом хвиля страху прокотилася по всьому тілу Бака.

**Es war die Angst, gefangen zu sein, eine Angst aus tiefen Instinkten.**

Це був страх опинитися в пастці, страх, що випливав з глибоких інстинктів.

**Obwohl er noch nie eine Falle gesehen hatte, lebte die Angst in ihm.**

Хоча він ніколи не бачив пастки, страх жив у ньому.

**Er war ein zahmer Hund, aber jetzt erwachten seine alten wilden Instinkte.**

Він був ручним собакою, але тепер у ньому прокидалися його старі дикі інстинкти.

**Bucks Muskeln spannten sich an und sein Fell stellte sich auf seinem ganzen Rücken auf.**

М'язи Бака напружилися, а хутро стало дибки по всій спині.

**Er knurrte wild und sprang senkrecht durch den Schnee nach oben.**

Він люто загарчав і стрибнув прямо вгору крізь сніг.

**Als er ins Tageslicht trat, flog Schnee in alle Richtungen.**

Сніг летів у всі боки, коли він вирвався на денне світло.

**Schon vor der Landung sah Buck das Lager vor sich ausgebreitet.**

Ще до приземлення Бак побачив, як перед ним розкинувся табір.

**Er erinnerte sich auf einmal an alles vom Vortag.**

Він одразу згадав усе з попереднього дня.

**Er erinnerte sich daran, wie er mit Manuel spazieren gegangen war und an diesem Ort gelandet war.**

Він пам'ятав, як прогулювався з Мануелем і опинився в цьому місці.

**Er erinnerte sich daran, wie er das Loch gegraben hatte und in der Kälte eingeschlafen war.**

Він пам'ятав, як копав яму і заснув на холоді.

**Jetzt war er wach und die wilde Welt um ihn herum war klar.**

Тепер він прокинувся, і дикий світ навколо нього був ясним.

**Ein Ruf von François begrüßte Bucks plötzliches Auftauchen.**

Крик Франсуа привітав раптову появу Бака.

**„Was habe ich gesagt?", rief der Hundeführer Perrault laut zu.**

«Що я сказав?» — голосно крикнув погонич собаки Перро.

**„Dieser Buck lernt wirklich sehr schnell", fügte François hinzu.**

«Цей Бак справді швидко навчається», – додав Франсуа.

**Perrault nickte ernst und war offensichtlich mit dem Ergebnis zufrieden.**

Перро серйозно кивнув, явно задоволений результатом.

**Als Kurier für die kanadische Regierung beförderte er Depeschen.**

Як кур'єр канадського уряду, він перевозив депеші.

**Er war bestrebt, die besten Hunde für seine wichtige Mission zu finden.**

Він прагнув знайти найкращих собак для своєї важливої місії.

**Er war besonders erfreut, dass Buck nun Teil des Teams war.**

Він був особливо радий тепер, що Бак був частиною команди.

**Innerhalb einer Stunde kamen drei weitere Huskies zum Team hinzu.**

Протягом години до команди додали ще трьох хаскі.

**Damit betrug die Gesamtzahl der Hunde im Team neun.**

Таким чином, загальна кількість собак у команді зросла до дев'яти.

**Innerhalb von fünfzehn Minuten lagen alle Hunde im Geschirr.**

За п'ятнадцять хвилин усі собаки були в шлейках.

**Das Schlittenteam schwang sich den Weg hinauf in Richtung Dyea Cañon.**

Санна упряжка піднімалася стежкою до каньйону Дайя.

**Buck war froh, gehen zu können, auch wenn die Arbeit, die vor ihm lag, hart war.**

Бак був радий йти, навіть якщо робота попереду була важка.

**Er stellte fest, dass er weder die Arbeit noch die Kälte besonders verabscheute.**

Він виявив, що не особливо зневажає працю чи холод.

**Er war überrascht von der Begeisterung, die das gesamte Team erfüllte.**

Його здивувало завзяття, яке сповнило всю команду.

**Noch überraschender war die Veränderung, die bei Dave und Solleks vor sich ging.**

Ще більш дивовижною була зміна, яка сталася з Дейвом і Соллексом.

**Diese beiden Hunde waren völlig unterschiedlich, als sie ein Geschirr trugen.**

Ці дві собаки були зовсім різними, коли їх запрягали.

**Ihre Passivität und Sorglosigkeit waren völlig verschwunden.**

Їхня пасивність та байдужість повністю зникли.

**Sie waren aufmerksam und aktiv und bestrebt, ihre Arbeit gut zu machen.**

Вони були пильними, активними та прагнули добре виконувати свою роботу.

**Sie reagierten äußerst verärgert über alles, was zu Verzögerungen oder Verwirrung führte.**

Їх люто дратувало все, що спричиняло затримку чи плутанину.

**Die harte Arbeit an den Zügeln stand im Mittelpunkt ihres gesamten Wesens.**

Важка робота з віжками була центром усього їхнього єства.

**Das Schlittenziehen schien das Einzige zu sein, was ihnen wirklich Spaß machte.**

Здавалося, що єдине, що їм справді подобалося, — це тягнути за собою санки.

**Dave war am Ende der Gruppe und dem Schlitten am nächsten.**

Дейв був у задній частині групи, найближче до самих саней.

**Buck landete vor Dave und Solleks zog an Buck vorbei.**

Бака посадили попереду Дейва, а Соллекс вирвався попереду Бака.

**Die übrigen Hunde liefen in einer Reihe vorn.**

Решта собак вишикувалися попереду гуськом.

**Die Führungsposition an der Spitze besetzte Spitz.**

Провідну позицію попереду зайняв Шпітц.

**Buck war zur Einweisung zwischen Dave und Solleks platziert worden.**

Бака для інструктажу посадили між Дейвом і Соллексом.

**Er lernte schnell und sie waren strenge und fähige Lehrer.**

Він швидко навчався, а вони були наполегливими та здібними вчителями.

**Sie ließen nie zu, dass Buck lange im Irrtum blieb.**

Вони ніколи не дозволяли Баку довго помилятися.

**Sie erteilten ihre Lektionen, wenn nötig, mit scharfen Zähnen.**

Вони викладали свої уроки гострими зубами, коли це було потрібно.

**Dave war fair und zeigte eine ruhige, ernste Art von Weisheit.**

Дейв був справедливим і виявляв тиху, серйозну мудрість.

**Er hat Buck nie ohne guten Grund gebissen.**

Він ніколи не кусав Бака без вагомої причини.

**Aber er hat es nie versäumt, zuzubeißen, wenn Buck eine Korrektur brauchte.**

Але він завжди кусався, коли Бака потрібно було виправити.

**François' Peitsche war immer bereit und untermauerte ihre Autorität.**

Батіг Франсуа завжди був напоготові та підтримував їхній авторитет.

**Buck merkte bald, dass es besser war zu gehorchen, als sich zu wehren.**

Бак невдовзі зрозумів, що краще слухатися, ніж чинити опір.

**Einmal verhedderte sich Buck während einer kurzen Pause in den Zügeln.**

Одного разу, під час короткого відпочинку, Бак заплутався у поводи.

**Er verzögerte den Start und brachte die Bewegungen des Teams durcheinander.**

Він затримав старт і заплутав рух команди.

**Dave und Solleks stürzten sich auf ihn und verprügelten ihn brutal.**

Дейв і Соллекс накинулися на нього та жорстоко побили.

**Das Gewirr wurde nur noch schlimmer, aber Buck lernte seine Lektion.**

Сплутування лише погіршувалося, але Бак добре засвоїв урок.

**Von da an hielt er die Zügel straff und arbeitete vorsichtig.**

Відтоді він тримав віжки натягнутими та працював обережно.

**Bevor der Tag zu Ende war, hatte Buck einen Großteil seiner Aufgabe gemeistert.**

Ще до кінця дня Бак встиг опанувати більшу частину свого завдання.

**Seine Teamkollegen hörten fast auf, ihn zu korrigieren oder zu beißen.**

Його товариші по команді майже перестали його виправляти чи кусати.

**François' Peitsche knallte immer seltener durch die Luft.**

Батіг Франсуа тріщав у повітрі все рідше й рідше.

**Perrault hob sogar Bucks Füße an und untersuchte sorgfältig jede Pfote.**

Перро навіть підняв ноги Бака та уважно оглянув кожну лапу.

**Es war ein harter Tageslauf gewesen, lang und anstrengend für alle.**

Це був важкий день бігу, довгий і виснажливий для всіх них.

**Sie reisten den Cañon hinauf, durch Sheep Camp und an den Scales vorbei.**

Вони піднялися каньйоном, пройшли через Овечий табір і повз Терези.

**Sie überquerten die Baumgrenze, dann Gletscher und meterhohe Schneeverwehungen.**

Вони перетнули межу лісу, потім льодовики та снігові замети завглибшки в багато футів.

**Sie erklommen die große, kalte und unwirtliche Chilkoot-Wasserscheide.**

Вони піднялися на великий холодний і непривітний Чілкутський вододіл.

**Dieser hohe Bergrücken lag zwischen Salzwasser und dem gefrorenen Landesinneren.**

Той високий хребет стояв між солоною водою та замерзлими внутрішніми просторами.

**Die Berge bewachten den traurigen und einsamen Norden mit Eis und steilen Anstiegen.**

Гори охороняли сумну та самотню Північ льодом та крутими підйомами.

**Sie kamen gut voran und erreichten eine lange Kette von Seen unterhalb der Wasserscheide.**

Вони швидко спустилися довгим ланцюгом озер нижче вододілу.

**Diese Seen füllten die alten Krater erloschener Vulkane.**

Ці озера заповнювали стародавні кратери згаслих вулканів.

**Spät in der Nacht erreichten sie ein großes Lager am Lake Bennett.**

Пізно тієї ж ночі вони дісталися великого табору на озері Беннетт.

**Tausende Goldsucher waren dort und bauten Boote für den Frühling.**

Тисячі золотошукачів були там, будуючи човни на весну.

**Das Eis würde bald aufbrechen und sie mussten bereit sein.**

Лід скоро мав розтанути, і вони мали бути готові.

**Buck grub sein Loch in den Schnee und fiel in einen tiefen Schlaf.**

Бак викопав собі нору в снігу та міцно заснув.

**Er schlief wie ein Arbeiter, erschöpft von einem harten Arbeitstag.**

Він спав, як робітник, виснажений важким робочим днем.

**Doch zu früh wurde er in der Dunkelheit aus dem Schlaf gerissen.**

Але надто рано, у темряві, його витягли зі сну.

**Er wurde wieder mit seinen Kumpels angeschirrt und vor den Schlitten gespannt.**

Його знову запрягли разом з його товаришами та прив'язали до саней.

**An diesem Tag legten sie sechzig Kilometer zurück, weil der Schnee festgetreten war.**

Того дня вони подолали сорок миль, бо сніг був добре втоптаний.

**Am nächsten Tag und noch viele Tage danach war der Schnee weich.**

Наступного дня, і ще багато днів після цього, сніг був м'яким.

**Sie mussten den Weg selbst bahnen, härter arbeiten und langsamer vorankommen.**

Їм довелося прокладати стежку самостійно, працюючи старанніше та рухаючись повільніше.

**Normalerweise ging Perrault mit Schwimmhäuten an den Schneeschuhen vor dem Team her.**

Зазвичай Перро йшов попереду команди на снігоступах з перетинками.

**Seine Schritte verdichteten den Schnee und erleichterten so die Fortbewegung des Schlittens.**

Його кроки утрамбовували сніг, полегшуючи рух саней.

**François, der vom Steuerstand aus steuerte, übernahm manchmal die Kontrolle.**

Франсуа, який керував з вудки, іноді брав керування на себе.

**Aber es kam selten vor, dass François die Führung übernahm**

Але Франсуа рідко виходив на перший план

**weil Perrault es eilig hatte, die Briefe und Pakete auszuliefern.**

бо Перро поспішав доставити листи та посилки.

**Perrault war stolz auf sein Wissen über Schnee und insbesondere Eis.**

Перро пишався своїми знаннями про сніг, а особливо про лід.

**Dieses Wissen war von entscheidender Bedeutung, da das Eis im Herbst gefährlich dünn war.**

Ці знання були вкрай важливими, бо осінній лід був небезпечно тонким.

**Wo das Wasser unter der Oberfläche schnell floss, gab es überhaupt kein Eis.**
Там, де вода швидко текла під поверхнею, льоду взагалі не було.

**Tag für Tag wiederholte sich endlos die gleiche Routine.**
День за днем та сама рутина повторювалася без кінця.
**Buck arbeitete unermüdlich von morgens bis abends in den Zügeln.**
Бак безкінечно трудився на віжах від світанку до ночі.
**Sie verließen das Lager im Dunkeln, lange bevor die Sonne aufgegangen war.**
Вони покинули табір у темряві, задовго до сходу сонця.
**Als es Tag wurde, hatten sie bereits viele Kilometer zurückgelegt.**
Коли настало світло, багато миль вже було позаду.
**Sie schlugen ihr Lager nach Einbruch der Dunkelheit auf, aßen Fisch und gruben sich in den Schnee ein.**
Вони розбивали табір після настання темряви, їли рибу та заривалися в сніг.
**Buck war immer hungrig und mit seiner Ration nie wirklich zufrieden.**
Бак завжди був голодний і ніколи по-справжньому не задовольнявся своїм пайком.
**Er erhielt jeden Tag anderthalb Pfund getrockneten Lachs.**
Щодня він отримував півтора фунта сушеного лосося.
**Doch das Essen schien in ihm zu verschwinden und ließ den Hunger zurück.**
Але їжа ніби зникла в ньому, залишивши позаду голод.
**Er litt unter ständigem Hunger und träumte von mehr Essen.**
Він страждав від постійних мук голоду і мріяв про більше їжі.
**Die anderen Hunde haben nur ein Pfund abgenommen, sind aber stark geblieben.**
Інші собаки отримали лише один фунт їжі, але вони залишалися сильними.

**Sie waren kleiner und in das Leben im Norden hineingeboren.**

Вони були менші на зріст і народилися в північному середовищі.

**Er verlor rasch die Sorgfalt, die sein früheres Leben geprägt hatte.**

Він швидко втратив педантичність, яка характеризувала його колишнє життя.

**Er war ein gieriger Esser gewesen, aber jetzt war das nicht mehr möglich.**

Він був вишуканим їдцем, але тепер це було неможливо.

**Seine Kameraden waren zuerst fertig und raubten ihm seine noch nicht aufgegessene Ration.**

Його товариші закінчили першими та пограбували його недоїдений пайок.

**Als sie einmal damit anfingen, gab es keine Möglichkeit mehr, sein Essen vor ihnen zu verteidigen.**

Як тільки вони почали, захистити від них свою їжу було неможливо.

**Während er zwei oder drei Hunde abwehrte, stahlen die anderen den Rest.**

Поки він відбивався від двох чи трьох собак, інші вкрали решту.

**Um dies zu beheben, begann er, so schnell zu essen wie die anderen.**

Щоб виправити це, він почав їсти так само швидко, як і інші.

**Der Hunger trieb ihn so sehr an, dass er sogar Essen zu sich nahm, das ihm nicht gehörte.**

Голод так його мучив, що він навіть брав чужу їжу.

**Er beobachtete die anderen und lernte schnell aus ihren Handlungen.**

Він спостерігав за іншими та швидко вчився з їхніх дій.

**Er sah, wie Pike, ein neuer Hund, Perrault eine Scheibe Speck stahl.**

Він бачив, як Пайк, новий собака, вкрав у Перро шматочок бекону.

**Pike hatte gewartet, bis Perrault sich umdrehte, um den Speck zu stehlen.**

Пайк чекав, поки Перро повернеться спиною, щоб вкрасти бекон.

**Am nächsten Tag machte Buck es Pike nach und stahl das ganze Stück.**

Наступного дня Бак скопіював Пайка та вкрав увесь шматок.

**Es folgte ein großer Aufruhr, doch Buck wurde nicht verdächtigt.**

Зчинився великий галас, але Бака ніхто не запідозрив.

**Stattdessen wurde Dub bestraft, ein tollpatschiger Hund, der immer erwischt wurde.**

Замість цього покарали Даба, незграбного собаку, якого завжди ловили.

**Dieser erste Diebstahl machte Buck zu einem Hund, der in der Lage war, im Norden zu überleben.**

Та перша крадіжка позначала Бака як собаку, здатного вижити на Півночі.

**Er zeigte, dass er sich an neue Bedingungen anpassen und schnell lernen konnte.**

Він показав, що може швидко адаптуватися до нових умов та навчатися.

**Ohne diese Anpassungsfähigkeit wäre er schnell und auf schlimme Weise gestorben.**

Без такої адаптивності він би помер швидко та тяжко.

**Es markierte auch den Zusammenbruch seiner moralischen Natur und seiner früheren Werte.**

Це також ознаменувало крах його моральної природи та минулих цінностей.

**Im Südland hatte er nach dem Gesetz der Liebe und Güte gelebt.**

На Півдні він жив за законом любові та доброти.

**Dort war es sinnvoll, Eigentum und die Gefühle anderer Hunde zu respektieren.**

Там мало сенс поважати власність та почуття інших собак.

**Aber das Nordland befolgte das Gesetz der Keule und das Gesetz der Reißzähne.**

Але Північна земля дотримувалася закону палиці та закону ікла.

**Wer hier alte Werte respektierte, war dumm und würde scheitern.**

Той, хто тут поважав старі цінності, був дурнем і зазнає невдачі.

**Buck hat das alles nicht durchdacht.**

Бак не міг обміркувати все це в голові.

**Er war fit und passte sich daher an, ohne darüber nachdenken zu müssen.**

Він був у формі, тому пристосовувався, не замислюючись.

**Sein ganzes Leben lang war er noch nie vor einem Kampf davongelaufen.**

За все своє життя він ніколи не тікав від бійки.

**Doch die Holzkeule des Mannes im roten Pullover änderte diese Regel.**

Але дерев'яна палиця чоловіка в червоному светрі змінила це правило.

**Jetzt folgte er einem tieferen, älteren Code, der in sein Wesen eingeschrieben war.**

Тепер він дотримувався глибшого, давнішого коду, записаного в його єстві.

**Er stahl nicht aus Vergnügen, sondern aus Hunger.**

Він крав не із задоволення, а від муки голоду.

**Er raubte nie offen, sondern stahl mit List und Sorgfalt.**

Він ніколи не грабував відкрито, а крав хитрістю та обережністю.

**Er handelte aus Respekt vor der Holzkeule und aus Angst vor dem Fangzahn.**

Він діяв з поваги до дерев'яної палиці та страху перед іклом.

**Kurz gesagt, er hat das getan, was einfacher und sicherer war, als es nicht zu tun.**

Коротше кажучи, він зробив те, що було легше та безпечніше, ніж не робити цього.

**Seine Entwicklung – oder vielleicht seine Rückkehr zu alten Instinkten – verlief schnell.**

Його розвиток — чи, можливо, його повернення до старих інстинктів — був швидким.

**Seine Muskeln verhärteten sich, bis sie sich stark wie Eisen anfühlten.**

Його м'язи затверділи, аж поки не стали міцними, як залізо.

**Schmerzen machten ihm nichts mehr aus, es sei denn, sie waren ernst.**

Його більше не хвилював біль, хіба що він був серйозним.

**Er wurde durch und durch effizient und verschwendete überhaupt nichts.**

Він став ефективним як зсередини, так і зовні, нічого не витрачаючи даремно.

**Er konnte Dinge essen, die scheußlich, verdorben oder schwer verdaulich waren.**

Він міг їсти мерзенну, гнилу або важкоперетравлювану їжу.

**Was auch immer er aß, sein Magen verbrauchte das letzte bisschen davon.**

Що б він не їв, його шлунок використовував усе, що було цінного.

**Sein Blut transportierte die Nährstoffe weit durch seinen kräftigen Körper.**

Його кров розносила поживні речовини далеко по його могутньому тілу.

**Dadurch baute er starkes Gewebe auf, das ihm eine unglaubliche Ausdauer verlieh.**

Це зміцнило тканини, що дало йому неймовірну витривалість.

**Sein Seh- und Geruchssinn wurden viel feiner als zuvor.**

Його зір і нюх стали набагато чутливішими, ніж раніше.

**Sein Gehör wurde so scharf, dass er im Schlaf leise Geräusche wahrnehmen konnte.**

Його слух став настільки гострим, що він міг розрізняти ледь помітні звуки уві сні.

**In seinen Träumen wusste er, ob die Geräusche Sicherheit oder Gefahr bedeuteten.**

Він знав у своїх снах, що означають ці звуки: безпеку чи небезпеку.

**Er lernte, mit den Zähnen auf das Eis zwischen seinen Zehen zu beißen.**

Він навчився гризти зубами лід між пальцями ніг.

**Wenn ein Wasserloch zufror, brach er das Eis mit seinen Beinen.**

Якщо водопій замерзав, він розбивав лід ногами.

**Er bäumte sich auf und schlug mit seinen steifen Vorderbeinen hart auf das Eis.**

Він піднявся дибки і сильно вдарив по льоду затверділими передніми кінцівками.

**Seine bemerkenswerteste Fähigkeit war die Vorhersage von Windänderungen über Nacht.**

Його найвражаючою здатністю було передбачення змін вітру протягом ночі.

**Selbst bei Windstille suchte er sich windgeschützte Stellen aus.**

Навіть коли повітря було нерухомим, він вибирав місця, захищені від вітру.

**Wo auch immer er sein Nest grub, der Wind des nächsten Tages strich an ihm vorbei.**

Де б він не викопав своє гніздо, наступного дня вітер обійшов його.

**Er landete immer gemütlich und geschützt, in Lee der Brise.**

Він завжди опинявся затишно та захищено, підвітряно від вітерцю.

**Buck hat nicht nur durch Erfahrung gelernt – auch seine Instinkte sind zurückgekehrt.**

Бак не лише навчався на досвіді — до нього також повернулися інстинкти.

**Die Gewohnheiten der domestizierten Generationen begannen zu verschwinden.**

Звички одомашнених поколінь почали зникати.

**Er erinnerte sich vage an die alten Zeiten seiner Rasse.**

Якось нечітко він згадував давні часи свого племені.

**Er dachte an die Zeit zurück, als wilde Hunde in Rudeln durch die Wälder rannten.**

Він згадав часи, коли дикі собаки бігали зграями лісами.

**Sie hatten ihre Beute gejagt und getötet, während sie sie verfolgten.**

Вони переслідували та вбивали свою здобич, переслідуючи її.

**Buck lernte leicht, mit Biss und Schnelligkeit zu kämpfen.**

Баку було легко навчитися битися зубами та швидко.

**Er verwendete Schnitte, Hiebe und schnelle Schnappschüsse, genau wie seine Vorfahren.**

Він використовував порізи, різи та швидкі клацання, як і його предки.

**Diese Vorfahren regten sich in ihm und erweckten seine wilde Natur.**

Ті предки ворухнулися в ньому та пробудили його дику природу.

**Ihre alten Fähigkeiten waren ihm durch die Blutlinie vererbt worden.**

Їхні старі навички перейшли до нього по кровній лінії.

**Ihre Tricks gehörten ihm nun, ohne dass er üben oder sich anstrengen musste.**

Тепер їхні трюки були його, без потреби в практиці чи зусиллях.


**In stillen, kalten Nächten hob Buck die Nase und heulte.**

Тихими, холодними ночами Бак задирав носа та вив.

**Er heulte lang und tief, so wie es die Wölfe vor langer Zeit getan hatten.**

Він вив довго й гучно, як це робили вовки колись давно.

**Durch ihn streckten seine toten Vorfahren ihre Nasen und heulten.**

Крізь нього його померлі предки висовували носи та вили.

**Sie heulten durch die Jahrhunderte mit seiner Stimme und Gestalt.**

Вони вили крізь століття його голосом і формою.

Seine Kadenzen waren ihre, alte Schreie, die von Kummer und Kälte erzählten.

Його ритми були їхніми, давні крики, що свідчили про горе та холод.

Sie sangen von Dunkelheit, Hunger und der Bedeutung des Winters.

Вони співали про темряву, голод і значення зими.

Buck bewies, wie das Leben von Kräften jenseits des eigenen Ichs geprägt wird.

Бак довів, як життя формується силами, що перебувають поза межами особистості.

Das uralte Lied stieg durch Buck auf und ergriff seine Seele.

Стародавня пісня піднялася крізь Бака і полонила його душу.

Er fand sich selbst, weil Menschen im Norden Gold gefunden hatten.

Він знайшов себе, бо люди знайшли золото на Півночі.

Und er fand sich selbst, weil Manuel, der Gärtnergehilfe, Geld brauchte.

А він опинився там, бо Мануелю, помічнику садівника, потрібні були гроші.

## Das dominante Urtier
Домінантний Первісний Звір

**In Buck war das dominante Urtier so stark wie eh und je.**
Домінантний первісний звір був у Баку таким же сильним, як і завжди.

**Doch das dominante Urtier hatte in ihm geschlummert.**
Але домінантний первісний звір дрімав у ньому.

**Das Leben auf dem Trail war hart, aber es stärkte das Tier in Buck.**
Життя на стежці було суворим, але воно зміцнило звірину в Баку.

**Insgeheim wurde das Biest von Tag zu Tag stärker.**
Таємно звір з кожним днем ставав все сильнішим і сильнішим.

**Doch dieses innere Wachstum blieb der Außenwelt verborgen.**
Але цей внутрішній ріст залишався прихованим від зовнішнього світу.

**In Buck baute sich eine stille und ruhige Urkraft auf.**
Усередині Бака нарощувалася тиха та спокійна первісна сила.

**Neue Gerissenheit verlieh Buck Gleichgewicht, Ruhe und Selbstbeherrschung.**
Нова хитрість надала Баку рівноваги, спокійного самовладання та витримки.

**Buck konzentrierte sich sehr auf die Anpassung und fühlte sich nie völlig entspannt.**
Бак зосередився на адаптації, ніколи не відчуваючи повного розслаблення.

**Er ging Konflikten aus dem Weg, fing nie Streit an und suchte auch nie Ärger.**
Він уникав конфліктів, ніколи не розпочинав сварок і не шукав неприємностей.

**Jede Bewegung von Buck war von langsamer, stetiger Nachdenklichkeit geprägt.**
Повільна, рівна задумливість формувала кожен рух Бака.

**Er vermied überstürzte Entscheidungen und plötzliche, rücksichtslose Entschlüsse.**

Він уникав необдуманих рішень та раптових, необдуманих рішень.

**Obwohl Buck Spitz zutiefst hasste, zeigte er ihm gegenüber keine Aggression.**

Хоча Бак глибоко ненавидів Шпіца, він не виявляв до нього жодної агресії.

**Buck hat Spitz nie provoziert und sein Verhalten zurückhaltend gehalten.**

Бак ніколи не провокував Шпіца і дотримувався стриманості у своїх діях.

**Spitz hingegen spürte die wachsende Gefahr, die von Buck ausging.**

Шпіц, навпаки, відчував зростаючу небезпеку з боку Бака.

**Er sah in Buck eine Bedrohung und eine ernsthafte Herausforderung seiner Macht.**

Він бачив у Баку загрозу та серйозний виклик своїй владі.

**Er nutzte jede Gelegenheit, um zu knurren und seine scharfen Zähne zu zeigen.**

Він використовував кожну нагоду, щоб загарчати та показати свої гострі зуби.

**Er versuchte, den tödlichen Kampf zu beginnen, der bevorstand.**

Він намагався розпочати смертельну битву, яка мала відбутися.

**Schon zu Beginn der Reise wäre es beinahe zu einem Streit zwischen ihnen gekommen.**

На початку подорожі між ними ледь не спалахнула бійка.

**Doch ein unerwarteter Unfall verhinderte den Kampf.**

Але несподіваний випадок завадив бійці.

**An diesem Abend schlugen sie ihr Lager am bitterkalten Lake Le Barge auf.**

Того вечора вони розбили табір на пронизливо холодному озері Ле-Барж.

**Es schneite heftig und der Wind war schneidend wie ein Messer.**

Сніг падав сильно, а вітер різав, як ніж.

**Die Nacht war zu schnell hereingebrochen und Dunkelheit umgab sie.**

Ніч настала надто швидко, і їх огортала темрява.

**Sie hätten sich kaum einen schlechteren Ort zum Ausruhen aussuchen können.**

Вони навряд чи могли обрати гірше місце для відпочинку.

**Die Hunde suchten verzweifelt nach einem Platz zum Hinlegen.**

Собаки відчайдушно шукали місце, де можна було б лягти.

**Hinter der kleinen Gruppe erhob sich steil eine hohe Felswand.**

Висока скеляста стіна круто здіймалася позаду невеликої групи.

**Das Zelt wurde in Dyea zurückgelassen, um die Last zu erleichtern.**

Намет залишили в Дайї, щоб полегшити вантаж.

**Ihnen blieb nichts anderes übrig, als das Feuer auf dem Eis selbst zu machen.**

У них не було іншого вибору, окрім як розпалити багаття на самому льоду.

**Sie breiten ihre Schlafmäntel direkt auf dem zugefrorenen See aus.**

Вони розстелили свої спальні шати прямо на замерзлому озері.

**Ein paar Stücke Treibholz gaben ihnen ein wenig Feuer.**

Кілька паличок плавника дали їм трохи вогню.

**Doch das Feuer wurde auf dem Eis entfacht und taute hindurch.**

Але вогонь розпалювали на льоду і розтанув крізь нього.

**Schließlich aßen sie ihr Abendessen im Dunkeln.**

Зрештою вони вечеряли в темряві.

**Buck rollte sich neben dem Felsen zusammen, geschützt vor dem kalten Wind.**

Бак згорнувся калачиком біля скелі, сховавшись від холодного вітру.

**Der Platz war so warm und sicher, dass Buck es hasste, wegzugehen.**

Місце було таке тепле та безпечне, що Бак ненавидів звідти відходити.

**Aber François hatte den Fisch aufgewärmt und verteilte die Rationen.**

Але Франсуа розігрів рибу і роздавав пайки.

**Buck aß schnell fertig und ging zurück in sein Bett.**

Бак швидко закінчив їсти і повернувся до ліжка.

**Aber Spitz lag jetzt dort, wo Buck sein Bett gemacht hatte.**

Але Шпіц тепер лежав там, де Бак постелив йому ліжко.

**Ein leises Knurren warnte Buck, dass Spitz sich weigerte, sich zu bewegen.**

Тихе гарчання попередило Бака, що Шпіц відмовився рухатися.

**Bisher hatte Buck diesen Kampf mit Spitz vermieden.**

Досі Бак уникав цієї сутички зі Шпіцем.

**Doch tief in Bucks Innerem brach das Biest schließlich aus.**

Але глибоко всередині Бака звір нарешті вирвався на волю.

**Der Diebstahl seines Schlafplatzes war zu viel für ihn.**

Крадіжка його спального місця була нестерпною.

**Buck stürzte sich voller Wut und Zorn auf Spitz.**

Бак кинувся на Шпіца, сповнений гніву та люті.

**Bis jetzt hatte Spitz gedacht, Buck sei bloß ein großer Hund.**

Досі Шпіц думав, що Бак — просто великий собака.

**Er glaubte nicht, dass Buck durch seinen Geist überlebt hatte.**

Він не думав, що Бак вижив завдяки своєму духу.

**Er erwartete Angst und Feigheit, nicht Wut und Rache.**

Він очікував страху та боягузтва, а не люті та помсти.

**François starrte die beiden Hunde an, als sie aus dem zerstörten Nest stürmten.**

Франсуа дивився, як обидва собаки вискочили з зруйнованого гнізда.

**Er verstand sofort, was den wilden Kampf ausgelöst hatte.**

Він одразу зрозумів, що почало цю шалену боротьбу.

„Aa-ah!", rief François, um dem braunen Hund zuzujubeln.

«А-а!» — вигукнув Франсуа, підтримуючи бурого собаку.

„Verprügelt ihn! Bei Gott, bestraft diesen hinterhältigen Dieb!"

«Дай йому відлупцювати! Й Боже, покарай цього підступного злодія!»

Spitz zeigte gleichermaßen Bereitschaft und wilden Kampfeswillen.

Шпіц демонстрував однакову готовність і шалене бажання битися.

Er schrie wütend auf, während er schnell im Kreis kreiste und nach einer Öffnung suchte.

Він крикнув від люті, швидко кружляючи, шукаючи прохід.

Buck zeigte den gleichen Kampfeshunger und die gleiche Vorsicht.

Бак виявляв таке ж жагу до боротьби та таку ж обережність.

Auch er umkreiste seinen Gegner und versuchte, im Kampf die Oberhand zu gewinnen.

Він також обійшов свого супротивника, намагаючись отримати перевагу в битві.

Dann geschah etwas Unerwartetes und veränderte alles.

Потім сталося щось несподіване і все змінило.

Dieser Moment verzögerte den letztendlichen Kampf um die Führung.

Цей момент відтермінував остаточну боротьбу за лідерство.

Bis zum Ende warteten noch viele Meilen voller Mühe und Anstrengung.

Багато миль стежки та боротьби ще чекали на кінець.

Perrault stieß einen Fluch aus, als eine Keule auf Knochen schlug.

Перро вилаявся, коли палиця вдарилася об кістку.

Es folgte ein scharfer Schmerzensschrei, dann brach überall Chaos aus.

Пролунав різкий крик болю, а потім навколо вибухнув хаос.

**Dunkle Gestalten bewegten sich im Lager; wilde Huskys, ausgehungert und wild.**

Темні постаті рухалися табором; дикі хаскі, голодні та люті.

**Vier oder fünf Dutzend Huskys hatten das Lager von weitem erschnüffelt.**

Чотири чи п'ять десятків хаскі винюхали табір здалеку.

**Sie hatten sich leise hineingeschlichen, während die beiden Hunde in der Nähe kämpften.**

Вони тихенько прокралися всередину, поки два собаки билися неподалік.

**François und Perrault griffen an und schwangen Knüppel auf die Eindringlinge.**

Франсуа та Перро кинулися в атаку, розмахуючи кийками на загарбників.

**Die ausgehungerten Huskies zeigten ihre Zähne und wehrten sich rasend.**

Зголоднілі хаскі показали зуби та шалено відбилися.

**Der Geruch von Fleisch und Brot hatte sie alle Angst vertreiben lassen.**

Запах м'яса та хліба прогнав їх із себе всякий страх.

**Perrault schlug einen Hund, der seinen Kopf in der Fresskiste vergraben hatte.**

Перро побив собаку, який зарився головою в скриню з їжею.

**Der Schlag war hart, die Schachtel kippte um und das Essen quoll heraus.**

Удар був сильним, коробка перекинулася, і їжа розсипалася.

**Innerhalb von Sekunden rissen sich zwanzig wilde Tiere über das Brot und das Fleisch her.**

За лічені секунди десятки диких звірів роздерли хліб і м'ясо.

**Die Keulen der Männer landeten Schlag auf Schlag, doch kein Hund ließ nach.**

Чоловічі кийки завдавали удару за ударом, але жоден собака не відвернувся.

**Sie schrien vor Schmerz, kämpften aber, bis kein Futter mehr übrig war.**

Вони вили від болю, але билися, доки не залишилося їжі.

**Inzwischen waren die Schlittenhunde aus ihren verschneiten Betten gesprungen.**

Тим часом їздові собаки зістрибнули зі своїх засніжених ліжок.

**Sie wurden sofort von den bösartigen, hungrigen Huskys angegriffen.**

На них миттєво напали люті голодні хаскі.

**Buck hatte noch nie zuvor so wilde und ausgehungerte Tiere gesehen.**

Бак ніколи раніше не бачив таких диких і голодних істот.

**Ihre Haut hing lose und verbarg kaum ihr Skelett.**

Їхня шкіра вільно звисала, ледве приховуючи їхні скелети.

**In ihren Augen brannte ein Feuer aus Hunger und Wahnsinn**

В їхніх очах горів вогонь від голоду та божевілля

**Sie waren nicht aufzuhalten, ihrem wilden Ansturm war kein Widerstand zu leisten.**

Їх не можна було зупинити, не можна було чинити опір їхньому дикому нападу.

**Die Schlittenhunde wurden zurückgedrängt und gegen die Felswand gedrückt.**

Їзових собак відштовхнули назад, притиснувши до стіни скелі.

**Drei Huskies griffen Buck gleichzeitig an und rissen ihm das Fleisch auf.**

Троє хаскі одночасно напали на Бака, розриваючи його плоть.

**Aus den Schnittwunden an seinem Kopf und seinen Schultern strömte Blut.**

Кров лилася з його голови та плечей, де його порізали.

**Der Lärm erfüllte das Lager: Knurren, Jaulen und Schmerzensschreie.**

Шум наповнив табір: гарчання, вереск і крики болю.

**Billee weinte wie immer laut, gefangen im Kampf und in der Panik.**

Біллі голосно заплакала, як завжди, посеред сутички та паніки.

**Dave und Solleks standen Seite an Seite, blutend, aber trotzig.**

Дейв і Соллекс стояли пліч-о-пліч, стікаючи кров'ю, але зухвало.

**Joe kämpfte wie ein Dämon und biss alles, was ihm zu nahe kam.**

Джо бився, як демон, кусаючи все, що наближалося.

**Mit einem brutalen Schnappen seines Kiefers zerquetschte er das Bein eines Huskys.**

Він одним жорстоким клацанням щелеп розчавив ногу хаскі.

**Pike sprang auf den verletzten Husky und brach ihm sofort das Genick.**

Щука стрибнула на поранену лайку та миттєво зламала їй шию.

**Buck packte einen Husky an der Kehle und riss ihm die Ader auf.**

Бак схопив хаскі за горло та розірвав вену.

**Blut spritzte und der warme Geschmack trieb Buck in Raserei.**

Бризнула кров, а теплий смак довів Бака до шаленства.

**Ohne zu zögern stürzte er sich auf einen anderen Angreifer.**

Він без вагань кинувся на іншого нападника.

**Im selben Moment gruben sich scharfe Zähne in Bucks Kehle.**

Тієї ж миті гострі зуби вп'ялися в горло Бака.

**Spitz hatte von der Seite zugeschlagen und ohne Vorwarnung angegriffen.**

Шпіц завдав удару збоку, атакуючи без попередження.

**Perrault und François hatten die Hunde besiegt, die das Futter stahlen.**

Перро та Франсуа перемогли собак, які крали їжу.

Nun eilten sie ihren Hunden zu Hilfe, um die Angreifer abzuwehren.

Тепер вони кинулися допомагати своїм собакам відбиватися від нападників.

Die ausgehungerten Hunde zogen sich zurück, als die Männer ihre Keulen schwangen.

Голодні собаки відступили, коли чоловіки розмахували своїми кийками.

Buck konnte sich dem Angriff befreien, doch die Flucht war nur von kurzer Dauer.

Бак вирвався з-під нападу, але втеча була недовгою.

Die Männer rannten los, um ihre Hunde zu retten, und die Huskies kamen erneut zum Vorschein.

Чоловіки побігли рятувати своїх собак, і хаскі знову зграєю нахлинули на них.

Billee, der aus Angst Mut fasste, sprang in die Hundemeute.

Біллі, наляканий до сміливості, стрибнув у зграю собак.

Doch dann floh er in blanker Angst und Panik über das Eis.

Але потім він утік по льоду, охоплений жахом і панікою.

Pike und Dub folgten dicht dahinter und rannten um ihr Leben.

Пайк і Даб йшли одразу позаду, рятуючи своє життя.

Der Rest des Teams löste sich auf, zerstreute sich und folgte ihnen.

Решта команди розбіглася та побігла за ними.

Buck nahm all seine Kräfte zusammen, um loszurennen, doch dann sah er einen Blitz.

Бак зібрав сили, щоб бігти, але раптом побачив спалах.

Spitz stürzte sich auf Buck und versuchte, ihn zu Boden zu schlagen.

Шпіц кинувся на Бака, намагаючись збити його з ніг.

Unter dieser Meute von Huskys hätte Buck nicht entkommen können.

Під таким натовпом хаскі Баку не було б порятунку.

Aber Buck blieb standhaft und wappnete sich für den Schlag von Spitz.

Але Бак стояв твердо і готувався до удару Шпіца.

**Dann drehte er sich um und rannte mit dem fliehenden Team auf das Eis hinaus.**

Потім він розвернувся і вибіг на лід разом з командою, що тікала.

**Später versammelten sich die neun Schlittenhunde im Schutz des Waldes.**

Пізніше дев'ять їздових собак зібралися в лісовому укритті.

**Niemand verfolgte sie mehr, aber sie waren geschlagen und verwundet.**

Ніхто їх більше не переслідував, але вони були побиті та поранені.

**Jeder Hund hatte Wunden; vier oder fünf tiefe Schnitte an jedem Körper.**

У кожного собаки були рани; чотири чи п'ять глибоких порізів на тілі.

**Dub hatte ein verletztes Hinterbein und konnte kaum noch laufen.**

У Дуба була травма задньої ноги, і йому тепер було важко ходити.

**Dolly, der neueste Hund aus Dyea, hatte eine aufgeschlitzte Kehle.**

Доллі, найновіша собака з Дайї, мала перерізане горло.

**Joe hatte ein Auge verloren und Billees Ohr war in Stücke geschnitten**

Джо втратив око, а вухо Біллі було розрізане на шматки

**Alle Hunde schrien die ganze Nacht vor Schmerz und Niederlage.**

Усі собаки кричали від болю та поразки всю ніч.

**Im Morgengrauen krochen sie wund und gebrochen zurück ins Lager.**

На світанку вони прокралися назад до табору, знесилені та розбиті.

**Die Huskies waren verschwunden, aber der Schaden war angerichtet.**

Хаскі зникли, але шкода вже була завдана.

**Perrault und François standen schlecht gelaunt vor der Ruine.**

Перро та Франсуа стояли над руїнами в кепському настрої.

**Die Hälfte der Lebensmittel war verschwunden und von den hungrigen Dieben geschnappt worden.**

Половина їжі зникла, її пограбували голодні злодії.

**Die Huskies hatten Schlittenbindungen und Planen zerrissen.**

Хаскі порвали кріплення саней та парусину.

**Alles, was nach Essen roch, wurde vollständig verschlungen.**

Все, що мало запах їжі, було з'їдено повністю.

**Sie aßen ein Paar von Perraults Reisestiefeln aus Elchleder.**

Вони з'їли пару дорожніх чобіт Перро зі шкіри лося.

**Sie zerkauten Lederreis und ruinierten Riemen, sodass sie nicht mehr verwendet werden konnten.**

Вони жували шкіряні рейси та псували ремені до непридатності.

**François hörte auf, auf die zerrissene Peitsche zu starren, um nach den Hunden zu sehen.**

Франсуа перестав дивитися на порвану батіг, щоб оглянути собак.

**„Ah, meine Freunde", sagte er mit leiser, besorgter Stimme.**

«Ах, друзі мої», — сказав він тихим, сповненим тривоги голосом.

**„Vielleicht verwandeln euch all diese Bisse in tollwütige Tiere."**

«Можливо, всі ці укуси перетворять вас на скажених звірів».

**„Vielleicht alles tollwütige Hunde, heiliger Scheiß! Was meinst du, Perrault?"**

«Можливо, всі скажені собаки, сакраменто! Що ви думаєте, Перро?»

**Perrault schüttelte den Kopf, seine Augen waren dunkel vor Sorge und Angst.**

Перро похитав головою, його очі потемніли від занепокоєння та страху.

Zwischen ihnen und Dawson lagen noch sechshundertvierzig Kilometer.

Між ними та Доусоном ще лежало чотириста миль.

Der Hundewahnsinn könnte nun jede Überlebenschance zerstören.

Собаче божевілля тепер може знищити будь-який шанс на виживання.

Sie verbrachten zwei Stunden damit, zu fluchen und zu versuchen, die Ausrüstung zu reparieren.

Вони дві години лаялися та намагалися полагодити спорядження.

Das verwundete Team verließ schließlich gebrochen und besiegt das Lager.

Поранена команда нарешті покинула табір, розбита та переможена.

Dies war der bisher schwierigste Weg und jeder Schritt war schmerzhaft.

Це була найважча стежка, і кожен крок був болісним.

Der Thirty Mile River war nicht zugefroren und rauschte wild.

Річка Тридцять-Майл не замерзла і шалено стрімко текла.

Nur an ruhigen Stellen und in wirbelnden Wirbeln konnte das Eis halten.

Лише в спокійних місцях та вируючих вирах лід встигав утриматися.

Sechs Tage harter Arbeit vergingen, bis die dreißig Meilen geschafft waren.

Шість днів важкої праці минуло, поки тридцять миль були подолані.

Jeder Kilometer des Weges barg Gefahren und Todesgefahr.

Кожна миля стежки приносила небезпеку та загрозу смерті.

Die Männer und Hunde riskierten mit jedem schmerzhaften Schritt ihr Leben.

Чоловіки та собаки ризикували своїм життям на кожному болісному кроці.

Perrault durchbrach ein Dutzend Mal dünne Eisbrücken.

Перро пробивав тонкі крижані мости десятки разів.

**Er trug eine Stange und ließ sie über das Loch fallen, das sein Körper hinterlassen hatte.**

Він ніс жердину і кинув її на отвір, який утворило його тіло.

**Mehr als einmal rettete diese Stange Perrault vor dem Ertrinken.**

Не раз ця жердина рятувала Перро від утоплення.

**Die Kältewelle hielt an, die Lufttemperatur lag bei minus fünfzig Grad.**

Похолодання трималося міцно, температура повітря була п'ятдесят градусів нижче нуля.

**Jedes Mal, wenn er hineinfiel, musste Perrault ein Feuer anzünden, um zu überleben.**

Щоразу, коли він падав у вогонь, Перро мусив розводити вогонь, щоб вижити.

**Nasse Kleidung gefror schnell, also trocknete er sie in der Nähe der sengenden Hitze.**

Мокрий одяг швидко замерзав, тому він сушив його біля палючої спеки.

**Perrault hatte nie Angst und das machte ihn zu einem Kurier.**

Жоден страх ніколи не торкався Перро, і це робило його кур'єром.

**Er wurde für die Gefahr auserwählt und begegnete ihr mit stiller Entschlossenheit.**

Його обрали для небезпеки, і він зустрів її зі спокійною рішучістю.

**Er drängte sich gegen den Wind vorwärts, sein runzliges Gesicht war erfroren.**

Він штовхався вперед, проти вітру, його зморщене обличчя було обморожене.

**Von der Morgendämmerung bis zum Einbruch der Nacht führte Perrault sie weiter.**

Від слабкого світанку до настання темряви Перро вів їх уперед.

**Er ging auf einer schmalen Eiskante, die bei jedem Schritt knackte.**

Він йшов вузькою крижаною облямівкою, яка тріскалася з кожним кроком.

**Sie wagten nicht, anzuhalten – jede Pause hätte das Risiko eines tödlichen Zusammenbruchs bedeutet.**

Вони не сміли зупинятися — кожна пауза ризикувала смертельним падінням.

**Einmal brach der Schlitten durch und zog Dave und Buck hinein.**

Одного разу сани прорвалися, потягнувши за собою Дейва та Бака.

**Als sie freigezogen wurden, waren beide fast erfroren.**

Коли їх витягли на волю, обоє були майже замерзлі.

**Die Männer machten schnell ein Feuer, um Buck und Dave am Leben zu halten.**

Чоловіки швидко розпалили багаття, щоб Бак і Дейв залишилися живими.

**Die Hunde waren von der Nase bis zum Schwanz mit Eis bedeckt und steif wie geschnitztes Holz.**

Собаки були вкриті льодом від носа до хвоста, затверділі, як різьблене дерево.

**Die Männer ließen sie in der Nähe des Feuers im Kreis laufen, um ihre Körper aufzutauen.**

Чоловіки бігали ними по колу біля вогню, щоб розморозити їхні тіла.

**Sie kamen den Flammen so nahe, dass ihr Fell versengt wurde.**

Вони підійшли так близько до полум'я, що їхнє хутро обпекло.

**Als nächster durchbrach Spitz das Eis und zog das Team hinter sich her.**

Наступним крізь лід прорвався Шпіц, потягнувши за собою команду.

**Der Bruch reichte bis zu der Stelle, an der Buck zog.**

Прорив сягав аж до того місця, де тягнув Бак.

**Buck lehnte sich weit zurück, seine Pfoten rutschten und zitterten auf der Kante.**

Бак різко відкинувся назад, лапи ковзали й тремтіли на краю.

**Dave streckte sich ebenfalls nach hinten, direkt hinter Buck auf der Leine.**

Дейв також напружився назад, одразу за Баком на мотузці.

**François zog den Schlitten, seine Muskeln knackten vor Anstrengung.**

Франсуа тягнув сани, його м'язи тріщали від напруження.

**Ein anderes Mal brach das Randeis vor und hinter dem Schlitten.**

Іншого разу крайній лід тріснув перед і позаду саней.

**Sie hatten keinen anderen Ausweg, als eine gefrorene Felswand zu erklimmen.**

У них не було іншого виходу, окрім як вилізти на замерзлу стіну скелі.

**Perrault schaffte es irgendwie, die Mauer zu erklimmen; wie durch ein Wunder blieb er am Leben.**

Перро якимось чином переліз на стіну; диво врятувало його життя.

**François blieb unten und betete um dasselbe Glück.**

Франсуа залишився внизу, молячись про таку ж удачу.

**Sie banden jeden Riemen, jede Zurrschnur und jede Leine zu einem langen Seil zusammen.**

Вони зв'язали кожен ремінь, мотузку та шнур в одну довгу мотузку.

**Die Männer zogen jeden Hund einzeln nach oben.**

Чоловіки по черзі витягували собак нагору.

**François kletterte als Letzter, nach dem Schlitten und der gesamten Ladung.**

Франсуа піднявся останнім, після санок та всього вантажу.

**Dann begann eine lange Suche nach einem Weg von den Klippen hinunter.**

Потім почалися довгі пошуки стежки вниз зі скель.

**Schließlich stiegen sie mit demselben Seil ab, das sie selbst hergestellt hatten.**

Зрештою вони спустилися, використовуючи ту саму мотузку, яку самі зробили.

**Es wurde Nacht, als sie erschöpft und wund zum Flussbett zurückkehrten.**

Ніч настала, коли вони повернулися до русла річки, виснажені та з болем у шкірі.

**Der ganze Tag hatte ihnen nur eine Viertelmeile Gewinn eingebracht.**

Їм знадобився цілий день, щоб подолати лише чверть милі.

**Als sie das Hootalinqua erreichten, war Buck erschöpft.**

Коли вони дісталися до Хуталінкви, Бак був дуже виснажений.

**Die anderen Hunde litten ebenso sehr unter den Bedingungen auf dem Trail.**

Інші собаки так само сильно постраждали від умов стежки.

**Aber Perrault musste Zeit gutmachen und trieb sie jeden Tag weiter an.**

Але Перро потрібно було надолужити час, і він щодня підганявся до них.

**Am ersten Tag reisten sie dreißig Meilen nach Big Salmon.**

Першого дня вони проїхали тридцять миль до Біг-Салмона.

**Am nächsten Tag reisten sie fünfunddreißig Meilen nach Little Salmon.**

Наступного дня вони подолали тридцять п'ять миль до Літтл-Салмона.

**Am dritten Tag kämpften sie sich durch sechzig Kilometer lange, eisige Strecken.**

На третій день вони пройшли сорок довгих замерзлих миль.

**Zu diesem Zeitpunkt näherten sie sich der Siedlung Five Fingers.**

На той час вони вже наближалися до поселення П'ять Пальців.

**Bucks Füße waren weicher als die harten Füße der einheimischen Huskys.**
Лапи Бака були м'якші за тверді лапи місцевих хаскі.

**Seine Pfoten waren im Laufe vieler zivilisierter Generationen zart geworden.**
Його лапи стали ніжними протягом багатьох поколінь цивілізованого населення.

**Vor langer Zeit wurden seine Vorfahren von Flussmännern oder Jägern gezähmt.**
Давним-давно його предків приручили річкові люди або мисливці.

**Jeden Tag humpelte Buck unter Schmerzen und ging auf wunden, schmerzenden Pfoten.**
Щодня Бак кульгав від болю, ходячи на заболінених, ниючих лапах.

**Im Lager fiel Buck wie eine leblose Gestalt in den Schnee.**
У таборі Бак упав на сніг, немов бездихане тіло.

**Obwohl Buck am Verhungern war, stand er nicht auf, um sein Abendessen einzunehmen.**
Хоча Бак і був голодний, він не встав, щоб повечеряти.

**François brachte Buck seine Ration und legte ihm Fisch neben die Schnauze.**
Франсуа приніс Баку його пайок, підкладаючи рибу йому біля морди.

**Jeden Abend massierte der Fahrer Bucks Füße eine halbe Stunde lang.**
Щоночі водій півгодини розтирав Баку ноги.

**François hat sogar seine eigenen Mokassins zerschnitten, um daraus Hundeschuhe zu machen.**
Франсуа навіть розрізав власні мокасини, щоб зробити з них взуття для собак.

**Vier warme Schuhe waren für Buck eine große und willkommene Erleichterung.**

Чотири теплі черевики принесли Баку велике та бажане полегшення.

**Eines Morgens vergaß François die Schuhe und Buck weigerte sich aufzustehen.**

Одного ранку Франсуа забув черевики, а Бак відмовився вставати.

**Buck lag auf dem Rücken, die Füße in der Luft, und wedelte mitleiderregend damit herum.**

Бак лежав на спині, піднявши ноги вгору, і жалібно розмахував ними.

**Sogar Perrault grinste beim Anblick von Bucks dramatischer Bitte.**

Навіть Перро посміхнувся, побачивши драматичне благання Бака.

**Bald wurden Bucks Füße hart und die Schuhe konnten weggeworfen werden.**

Невдовзі ноги Бака затверділи, і взуття можна було викинути.

**In Pelly stieß Dolly beim Angeschirrtwerden ein schreckliches Heulen aus.**

У Пеллі, під час їзди на конях, Доллі видала жахливе виття.

**Der Schrei war lang und voller Wahnsinn und erschütterte jeden Hund.**

Крик був довгим і сповненим божевілля, від якого тряслося кожен собака.

**Jeder Hund zuckte vor Angst zusammen, ohne den Grund zu kennen.**

Кожен собака наїжачився від страху, не знаючи причини.

**Dolly war verrückt geworden und stürzte sich direkt auf Buck.**

Доллі збожеволіла і кинулася прямо на Бака.

**Buck hatte noch nie Wahnsinn gesehen, aber sein Herz war von Entsetzen erfüllt.**

Бак ніколи не бачив божевілля, але жах сповнював його серце.

**Ohne nachzudenken, drehte er sich um und floh in absoluter Panik.**

Не замислюючись, він повернувся і втік у повній паніці.

**Dolly jagte ihm hinterher, ihre Augen waren wild, Speichel spritzte aus ihrem Maul.**

Доллі гналася за ним, її очі були шалені, з щелеп летіла слина.

**Sie blieb direkt hinter Buck, holte nie auf und fiel nie zurück.**

Вона тримаюся одразу за Баком, не наздоганяючи його і не відступаючи.

**Buck rannte durch den Wald, die Insel hinunter und über zerklüftetes Eis.**

Бак біг крізь ліс, вниз по острову, по нерівному льоду.

**Er überquerte die Insel und erreichte eine weitere, bevor er im Kreis zurück zum Fluss ging.**

Він перейшов до одного острова, потім до іншого, повернувшись до річки.

**Dolly jagte ihn immer noch und knurrte ihn bei jedem Schritt an.**

Доллі все ще гналася за ним, її гарчання чулося позаду на кожному кроці.

**Buck konnte ihren Atem und ihre Wut hören, obwohl er es nicht wagte, zurückzublicken.**

Бак чув її дихання та лють, хоча не наважувався озирнутися.

**François rief aus der Ferne und Buck drehte sich in die Richtung der Stimme um.**

Франсуа крикнув здалеку, і Бак обернувся на голос.

**Immer noch nach Luft schnappend rannte Buck vorbei und setzte seine ganze Hoffnung auf François.**

Все ще хапаючи ротом повітря, Бак пробіг повз, покладаючи всю надію на Франсуа.

**Der Hundeführer hob eine Axt und wartete, während Buck vorbeiflog.**

Погонич собаки підняв сокиру й чекав, поки Бак пролетить повз.

**Die Axt kam schnell herunter und traf Dollys Kopf mit tödlicher Wucht.**

Сокира швидко опустилася і зі смертельною силою вдарила Доллі по голові.

**Buck brach neben dem Schlitten zusammen, keuchte und konnte sich nicht bewegen.**

Бак звалився біля саней, хрипів і не міг поворухнутися.

**In diesem Moment hatte Spitz die Chance, einen erschöpften Gegner zu schlagen.**

Цей момент дав Шпіцу шанс вдарити по виснаженому ворогу.

**Zweimal biss er Buck und riss das Fleisch bis auf den weißen Knochen auf.**

Двічі він вкусив Бака, роздерши плоть аж до білої кістки.

**François' Peitsche knallte und traf Spitz mit voller, wütender Wucht.**

Батіг Франсуа хруснув, вдаривши Шпіца з повною, лютою силою.

**Buck sah mit Freude zu, wie Spitz seine bisher härteste Tracht Prügel bekam.**

Бак з радістю спостерігав, як Шпіц отримав свої найжорстокіші побої.

**„Er ist ein Teufel, dieser Spitz", murmelte Perrault düster vor sich hin.**

«Він диявол, цей Шпіц», — похмуро пробурмотів Перро сам собі під ніс.

**„Eines Tages wird dieser verfluchte Hund Buck töten – das schwöre ich."**

«Колись скоро цей клятий собака вб'є Бака — клянусь.»

**„Dieser Buck hat zwei Teufel in sich", antwortete François mit einem Nicken.**

«У цьому Баку два дияволи», – відповів Франсуа, кивнувши.

**„Wenn ich Buck beobachte, weiß ich, dass etwas Wildes in ihm lauert."**

«Коли я спостерігаю за Баком, я відчуваю, що в ньому чекає щось несамовите».

„Eines Tages wird er rasend vor Wut werden und Spitz in Stücke reißen."

«Одного дня він розлютиться, як вогонь, і розірве Шпіца на шматки».

„Er wird den Hund zerkauen und ihn auf den gefrorenen Schnee spucken."

«Він розжує цього собаку та виплюне його на замерзлий сніг».

„Das weiß ich ganz sicher tief in meinem Innern."

«Звісно ж, я знаю це глибоко в глибині душі».

Von diesem Moment an befanden sich die beiden Hunde im Krieg.

З того моменту між двома собаками почалася війна.

Spitz führte das Team an und hatte die Macht, aber Buck stellte das in Frage.

Шпітц очолював команду та мав владу, але Бак кинув цьому виклик.

Spitz sah seinen Rang durch diesen seltsamen Fremden aus dem Süden bedroht.

Шпіц бачив, як цей дивний незнайомець з Півдня загрожує його рангу.

Buck war anders als alle Südstaatenhunde, die Spitz zuvor gekannt hatte.

Бак був не схожий на жодного південного собаку, якого Шпіц знав раніше.

Die meisten von ihnen scheiterten – sie waren zu schwach, um Kälte und Hunger zu überleben.

Більшість із них зазнали невдачі — вони були надто слабкі, щоб пережити холод і голод.

Sie starben schnell unter der harten Arbeit, dem Frost und der langsamen Hungersnot.

Вони швидко помирали від праці, морозу та повільного горіння голоду.

Buck stand abseits – mit jedem Tag stärker, klüger und wilder.

Бак виділявся — з кожним днем сильніший, розумніший і лютіший.

**Er gedieh trotz aller Härte und wuchs heran, bis er den nördlichen Huskies ebenbürtig war.**

Він процвітав у труднощах, виростаючи, щоб відповідати північним хаскі.

**Buck hatte Kraft, wilde Geschicklichkeit und einen geduldigen, tödlichen Instinkt.**

Бак мав силу, шалену майстерність і терплячий, смертоносний інстинкт.

**Der Mann mit der Keule hatte Buck die Unbesonnenheit ausgetrieben.**

Чоловік з кийком вибив з Бака необачність.

**Die blinde Wut war verschwunden und durch stille Gerissenheit und Kontrolle ersetzt worden.**

Сліпа лють зникла, її замінили тиха хитрість і контроль.

**Er wartete ruhig und ursprünglich und wartete auf den richtigen Moment.**

Він чекав, спокійний і первісний, вичікуючи слушного моменту.

**Ihr Kampf um die Vorherrschaft wurde unvermeidlich und deutlich.**

Їхня боротьба за командування стала неминучою та очевидною.

**Buck strebte nach einer Führungsposition, weil sein Geist es verlangte.**

Бак прагнув лідерства, бо цього вимагав його дух.

**Er wurde von dem seltsamen Stolz getrieben, der aus der Jagd und dem Geschirr entstand.**

Його рухала дивна гордість, народжена стежкою та упряжю.

**Dieser Stolz ließ die Hunde ziehen, bis sie im Schnee zusammenbrachen.**

Ця гордість змушувала собак тягнути, аж поки вони не падали на сніг.

**Der Stolz verleitete sie dazu, all ihre Kraft einzusetzen.**

Гордість спонукала їх віддати всю свою силу.

**Stolz kann einen Schlittenhund sogar in den Tod treiben.**

Гординя може заманити їздового собаку навіть до смерті.

**Der Verlust des Geschirrs ließ die Hunde gebrochen und ziellos zurück.**

Втрата шлейки залишала собак розбитими та безцільними.

**Das Herz eines Schlittenhundes kann vor Scham brechen, wenn er in den Ruhestand geht.**

Серце їздового собаки може бути розчавлене від сорому, коли вони відходять на пенсію.

**Dave lebte von diesem Stolz, während er den Schlitten hinter sich herzog.**

Дейв жив цією гордістю, тягнучи сани ззаду.

**Auch Solleks gab mit grimmiger Stärke und Loyalität alles.**

Соллекс також віддавався всією своєю незмінною силою та вірністю.

**Jeden Morgen verwandelte der Stolz ihre Verbitterung in Entschlossenheit.**

Щоранку гордість перетворювала їх з озлоблених на рішучих.

**Sie drängten den ganzen Tag und verstummten dann am Ende des Lagers.**

Вони штовхалися цілий день, а потім замовкли на краю табору.

**Dieser Stolz gab Spitz die Kraft, Drückeberger zur Räson zu bringen.**

Ця гордість дала Шпіцу сили змусити ухилячів від роботи вишикуватися.

**Spitz fürchtete Buck, weil Buck denselben tiefen Stolz in sich trug.**

Шпіц боявся Бака, бо Бак мав у собі таку ж глибоку гордість.

**Bucks Stolz wandte sich nun gegen Spitz, und er ließ nicht locker.**

Гордість Бака тепер обурилася проти Шпіца, і він не зупинився.

**Buck widersetzte sich Spitz' Macht und hinderte ihn daran, Hunde zu bestrafen.**

Бак кинув виклик силі Шпіца та завадив йому покарати собак.

**Als andere versagten, stellte sich Buck zwischen sie und ihren Anführer.**

Коли інші зазнавали невдачі, Бак ставав між ними та їхнім лідером.

**Er tat dies mit Absicht und brachte seine Herausforderung offen und deutlich zum Ausdruck.**

Він зробив це навмисно, зробивши свій виклик відкритим і чітким.

**In einer Nacht hüllte schwerer Schnee die Welt in tiefe Stille.**

Однієї ночі сильний сніг огорнув світ глибокою тишею.

**Am nächsten Morgen stand Pike, faul wie immer, nicht zur Arbeit auf.**

Наступного ранку Пайк, лінивіший, як завжди, не встав на роботу.

**Er blieb in seinem Nest unter einer dicken Schneeschicht verborgen.**

Він ховався у своєму гнізді під товстим шаром снігу.

**François rief und suchte, konnte den Hund jedoch nicht finden.**

Франсуа гукнув і почав шукати, але не зміг знайти собаку.

**Spitz wurde wütend und stürmte durch das schneebedeckte Lager.**

Шпіц розлютився та промчав крізь засніжений табір.

**Er knurrte und schnüffelte und grub wie verrückt mit flammenden Augen.**

Він гарчав і шморгав носом, шалено копаючи палаючими очима.

**Seine Wut war so heftig, dass Pike vor Angst unter dem Schnee zitterte.**

Його лють була такою люттю, що Пайк затремтів під снігом від страху.

**Als Pike schließlich gefunden wurde, stürzte sich Spitz auf den versteckten Hund, um ihn zu bestrafen.**

Коли Пайка нарешті знайшли, Шпіц кинувся покарати собаку, що сховався.

**Doch Buck sprang mit einer Wut zwischen sie, die Spitz' eigener ebenbürtig war.**

Але Бак стрибнув між ними з люттю, не меншою за Шпіца.

**Der Angriff erfolgte so plötzlich und geschickt, dass Spitz umfiel.**

Атака була настільки раптовою та хитрою, що Шпіц упав з ніг.

**Pike, der gezittert hatte, schöpfte aus diesem Trotz neuen Mut.**

Пайк, якого весь тремтів, набрався сміливості після цього непокори.

**Er sprang auf den gefallenen Spitz und folgte Bucks mutigem Beispiel.**

Він стрибнув на поваленого Шпіца, наслідуючи сміливий приклад Бака.

**Buck, der nicht länger an Fairness gebunden war, beteiligte sich am Angriff auf Spitz.**

Бак, більше не зв'язаний принципами справедливості, приєднався до страйку на Шпітці.

**François, amüsiert, aber dennoch diszipliniert, schwang seine schwere Peitsche.**

Франсуа, розважений, але водночас непохитний у дисципліні, розмахнувся важким батогом.

**Er schlug Buck mit aller Kraft, um den Kampf zu beenden.**

Він щосили вдарив Бака, щоб припинити бійку.

**Buck weigerte sich, sich zu bewegen und blieb auf dem gefallenen Anführer sitzen.**

Бак відмовився рухатися і залишився на полеглому лідері.

**Dann benutzte François den Griff der Peitsche und schlug Buck damit heftig.**

Тоді Франсуа скористався ручкою батога, сильно вдаривши Бака.

**Buck taumelte unter dem Schlag und fiel zurück.**

Захитавшись від удару, Бак упав назад під натиском.

**François schlug immer wieder zu, während Spitz Pike bestrafte.**

Франсуа бив знову і знову, поки Шпіц карав Пайка.

**Die Tage vergingen und Dawson City kam immer näher.**

Дні минали, і Доусон-Сіті ставав все ближче й ближче.

**Buck mischte sich immer wieder ein und schlüpfte zwischen Spitz und andere Hunde.**

Бак постійно втручався, проскакуючи між Шпіцем та іншими собаками.

**Er wählte seine Momente gut und wartete immer darauf, dass François ging.**

Він вміло вибирав моменти, завжди чекаючи, поки Франсуа піде.

**Bucks stille Rebellion breitete sich aus und im Team breitete sich Unordnung aus.**

Тихий бунт Бака поширився, і в команді поширився безлад.

**Dave und Solleks blieben loyal, andere jedoch wurden widerspenstig.**

Дейв і Соллекс залишилися вірними, але інші стали непокірними.

**Die Situation im Team wurde immer schlimmer – es wurde unruhig, streitsüchtig und geriet aus der Reihe.**

Команда ставала дедалі гіршою — неспокійною, сварливою та невідповідною.

**Nichts lief mehr reibungslos und es kam immer wieder zu Streit.**

Нічого більше не працювало гладко, і бійки стали звичним явищем.

**Buck blieb im Zentrum des Chaos und provozierte ständig Unruhe.**

Бак залишався в самому центрі конфлікту, завжди провокуючи заворушення.

**François blieb wachsam, aus Angst vor dem Kampf zwischen Buck und Spitz.**

Франсуа залишався напоготові, боячись бійки між Баком і Шпіцем.

**Jede Nacht wurde er durch Rangeleien geweckt, aus Angst, dass es endlich losgehen würde.**

Щоночі його будили бійки, він боявся, що нарешті настав початок.

**Er sprang aus seiner Robe, bereit, den Kampf zu beenden.**

Він зіскочив з мантії, готовий розірвати бійку.

**Aber der Moment kam nie und sie erreichten schließlich Dawson.**

Але цей момент так і не настав, і вони нарешті дісталися Доусона.

**Das Team betrat die Stadt an einem trüben Nachmittag, angespannt und still.**

Одного похмурого дня команда в'їхала до міста, напружена та тиха.

**Der große Kampf um die Führung hing noch immer in der eisigen Luft.**

Велика битва за лідерство все ще висіла в замерзлому повітрі.

**Dawson war voller Männer und Schlittenhunde, die alle mit der Arbeit beschäftigt waren.**

Доусон був сповнений чоловіків та їздових собак, усі зайняті роботою.

**Buck beobachtete die Hunde von morgens bis abends beim Lastenziehen.**

Бак спостерігав, як собаки тягли вантажі з ранку до вечора.

**Sie transportierten Baumstämme und Brennholz und lieferten Vorräte an die Minen.**

Вони перевозили колоди та дрова, вантажили припаси до шахт.

**Wo früher im Süden Pferde arbeiteten, schufteten heute Hunde.**

Там, де колись на Півдні працювали коні, тепер трудилися собаки.

**Buck sah einige Hunde aus dem Süden, aber die meisten waren wolfsähnliche Huskys.**

Бак бачив кількох собак з півдня, але більшість із них були схожі на вовків-хаскі.

**Nachts erhoben die Hunde pünktlich zum ersten Mal ihre Stimmen zum Singen.**

Вночі, як годинник, собаки підвищували голоси у пісні.

**Um neun, um Mitternacht und erneut um drei begann der Gesang.**

О дев'ятій, опівночі і знову о третій починався спів.

**Buck liebte es, in ihren unheimlichen Gesang einzustimmen, der wild und uralt klang.**

Бак любив приєднуватися до їхнього моторошного співу, дикого та стародавнього за звучанням.

**Das Polarlicht flammte, die Sterne tanzten und das Land war mit Schnee bedeckt.**

Палахнуло полярне сяйво, танцювали зірки, а землю вкрив сніг.

**Der Gesang der Hunde erhob sich als Aufschrei gegen die Stille und die bittere Kälte.**

Собачий спів піднявся, немов крик проти тиші та лютого холоду.

**Doch in jedem langen Ton ihres Heulens war Trauer und nicht Trotz zu hören.**

Але в кожній довгій ноті їхнього виття чувся смуток, а не виклик.

**Jeder Klageschrei war voller Flehen; die Last des Lebens selbst.**

Кожен плач був сповнений благання; тягарем самого життя.

**Dieses Lied war alt – älter als Städte und älter als Feuer**

Та пісня була старою — давнішою за міста і давнішою за пожежі

**Dieses Lied war sogar älter als die Stimmen der Menschen.**

Та пісня була навіть давнішою за людські голоси.

**Es war ein Lied aus der jungen Welt, als alle Lieder traurig waren.**

Це була пісня з молодого світу, коли всі пісні були сумними.

**Das Lied trug den Kummer unzähliger Hundegenerationen in sich.**

Пісня несла в собі смуток незліченних поколінь собак.

**Buck spürte die Melodie tief und stöhnte vor jahrhundertealtem Schmerz.**

Бак глибоко відчув мелодію, стогнучи від болю, що сягав корінням у віки.

**Er schluchzte aus einem Kummer, der so alt war wie das wilde Blut in seinen Adern.**

Він ридав від горя, такого ж старого, як шалена кров у його жилах.

**Die Kälte, die Dunkelheit und das Geheimnisvolle berührten Bucks Seele.**

Холод, темрява та таємничість торкнулися душі Бака.

**Dieses Lied bewies, wie weit Buck zu seinen Ursprüngen zurückgekehrt war.**

Ця пісня довела, наскільки далеко Бак повернувся до своїх витоків.

**Durch Schnee und Heulen hatte er den Anfang seines eigenen Lebens gefunden.**

Крізь сніг та виття він знайшов початок власного життя.

**Sieben Tage nach ihrer Ankunft in Dawson brachen sie erneut auf.**

Через сім днів після прибуття до Доусона вони знову вирушили в дорогу.

**Das Team verließ die Kaserne und fuhr hinunter zum Yukon Trail.**

Команда спустилася з казарм до Юконської стежки.

**Sie begannen die Rückreise nach Dyea und Salt Water.**

Вони почали подорож назад до Дайї та Солт-Вотер.

**Perrault überbrachte noch dringlichere Depeschen als zuvor.**

Перро перевозив депеші ще терміновіші, ніж раніше.

**Auch ihn packte der Trail-Stolz, und er wollte einen Rekord aufstellen.**

Його також охопила гордість за перемогу на трейлі, і він прагнув встановити рекорд.

**Diesmal hatte Perrault mehrere Vorteile.**

Цього разу кілька переваг були на боці Перро.

**Die Hunde hatten eine ganze Woche lang geruht und ihre Kräfte wiedererlangt.**

Собаки відпочивали цілий тиждень і відновили свої сили.

**Die Spur, die sie gebahnt hatten, wurde nun von anderen festgestampft.**

Стежка, яку вони протоптали, тепер була міцно втоптана іншими.

**An manchen Stellen hatte die Polizei Futter für Hunde und Menschen gelagert.**

У деяких місцях поліція зберігала їжу як для собак, так і для чоловіків.

**Perrault reiste mit leichtem Gepäck und bewegte sich schnell, ohne dass ihn etwas belastete.**

Перро подорожував без багажу, рухаючись швидко, маючи мало що, що його обтяжувало.

**Sie erreichten Sixty-Mile, eine Strecke von achtzig Kilometern, noch in der ersten Nacht.**

Вони досягли Шістдесятої Милі, п'ятдесятимильної пробіжки, до першої ночі.

**Am zweiten Tag eilten sie den Yukon hinauf nach Pelly.**

На другий день вони кинулися вгору по Юкону до Пеллі.

**Doch dieser tolle Fortschritt war für François mit vielen Strapazen verbunden.**

Але такий чудовий прогрес супроводжувався великими труднощами для Франсуа.

**Bucks stille Rebellion hatte die Disziplin des Teams zerstört.**

Тихий бунт Бака підірвав дисципліну команди.

**Sie zogen nicht mehr wie ein Tier an den Zügeln.**

Вони більше не тягнулися разом, як один звір у віжах.

**Buck hatte durch sein mutiges Beispiel andere zum Trotz verleitet.**

Бак своїм сміливим прикладом спонукав інших до непокори.

**Spitz' Befehl stieß weder auf Furcht noch auf Respekt.**

Наказ Шпіца більше не зустрічався зі страхом чи повагою.

**Die anderen verloren ihre Ehrfurcht vor ihm und wagten es, sich seiner Herrschaft zu widersetzen.**

Інші втратили перед ним благоговіння та наважилися чинити опір його правлінню.

**Eines Nachts stahl Pike einen halben Fisch und aß ihn vor Bucks Augen.**

Одного разу вночі Пайк вкрав піврибини та з'їв її під оком у Бака.

**In einer anderen Nacht kämpften Dub und Joe gegen Spitz und blieben ungestraft.**

Іншої ночі Даб і Джо побилися зі Шпіцем і залишилися безкарними.

**Sogar Billee jammerte weniger süß und zeigte eine neue Schärfe.**

Навіть Біллі скиглила менш солодко та виявила нову гостроту.

**Buck knurrte Spitz jedes Mal an, wenn sich ihre Wege kreuzten.**

Бак гарчав на Шпіца щоразу, коли вони перетиналися.

**Bucks Haltung wurde dreist und bedrohlich, fast wie die eines Tyrannen.**

Постава Бака стала зухвалою та загрозливою, майже як у хулігана.

**Mit stolzgeschwellter Brust und voller spöttischer Bedrohung schritt er vor Spitz auf und ab.**

Він походжав перед Шпіцем із чванливою появою, сповненою глузливої погрози.

**Dieser Zusammenbruch der Ordnung breitete sich auch unter den Schlittenhunden aus.**

Цей крах порядку поширився і серед їздових собак.

**Sie stritten und stritten mehr denn je und erfüllten das Lager mit Lärm.**

Вони билися та сперечалися більше, ніж будь-коли, наповнюючи табір гамором.

**Das Lagerleben verwandelte sich jede Nacht in ein wildes, heulendes Chaos.**

Табірне життя щоночі перетворювалося на дикий, виючий хаос.

**Nur Dave und Solleks blieben ruhig und konzentriert.**

Тільки Дейв і Соллекс залишалися стійкими та зосередженими.

**Doch selbst sie wurden durch die ständigen Schlägereien ungehalten.**

Але навіть вони стали запальними через постійні бійки.

**François fluchte in fremden Sprachen und stampfte frustriert auf.**

Франсуа вилаявся дивними мовами та розчаровано тупнув ногами.

**Er riss sich die Haare aus und schrie, während der Schnee unter seinen Füßen wirbelte.**

Він рвів на собі волосся і кричав, поки під ногами летів сніг.

**Seine Peitsche knallte über das Rudel, konnte es aber kaum in Schach halten.**

Його батіг клацнув по зграї, але ледве втримав їх у черзі.

**Immer wenn er sich umdrehte, brachen die Kämpfe erneut aus.**

Щоразу, коли він повертався спиною, бійка спалахувала знову.

**François setzte die Peitsche für Spitz ein, während Buck die Rebellen anführte.**

Франсуа використав батіг для Шпіца, поки Бак очолював повстанців.

**Jeder kannte die Rolle des anderen, aber Buck vermied jegliche Schuldzuweisungen.**

Кожен знав роль іншого, але Бак уникав будь-яких звинувачень.

**François hat Buck nie dabei erwischt, wie er eine Schlägerei anfing oder sich vor seiner Arbeit drückte.**

Франсуа ніколи не ловив Бака на тому, щоб він починав бійку чи ухилявся від роботи.

**Buck arbeitete hart im Geschirr – die Mühe erfüllte ihn jetzt mit Begeisterung.**

Бак наполегливо працював у упряжі — важка праця тепер хвилювала його дух.

**Doch noch mehr Freude bereitete ihm das Anzetteln von Kämpfen und Chaos im Lager.**

Але ще більше радості він знаходив у розпалюванні бійок та хаосу в таборі.

**Eines Abends schreckte Dub an der Mündung des Tahkeena ein Kaninchen auf.**

Одного вечора біля пащі Тахкіни Дуб налякав кролика.

**Er verpasste den Fang und das Schneeschuhkaninchen sprang davon.**

Він не встиг зачепитися, і заєць-сігоступи відскочив геть.

**Innerhalb von Sekunden nahm das gesamte Schlittenteam unter wildem Geschrei die Verfolgung auf.**

За лічені секунди вся упряжка з дикими криками кинулася в погоню.

**In der Nähe beherbergte ein Lager der Northwest Police fünfzig Huskys.**

Неподалік, у таборі поліції Північно-Західного регіону, тримали п'ятдесят собак породи хаскі.

**Sie schlossen sich der Jagd an und stürmten gemeinsam den zugefrorenen Fluss hinunter.**

Вони приєдналися до полювання, разом мчачи вниз по замерзлій річці.

**Das Kaninchen verließ den Fluss und floh in ein gefrorenes Bachbett.**

Кролик звернув з річки, тікаючи вгору замерзлим руслом струмка.

**Das Kaninchen hüpfte leichtfüßig über den Schnee, während die Hunde sich durchkämpften.**

Кролик легко підстрибував по снігу, поки собаки пробиралися крізь нього.

**Buck führte das riesige Rudel von sechzig Hunden um jede Kurve.**

Бак вів величезну зграю з шістдесяти собак за кожним звивистим поворотом.

**Er drängte tief und eifrig vorwärts, konnte jedoch keinen Boden gutmachen.**

Він просувався вперед, низько та завзято, але не міг набрати обертів.

**Bei jedem kraftvollen Sprung blitzte sein Körper im blassen Mondlicht auf.**

Його тіло миготіло під блідим місяцем з кожним потужним стрибком.

**Vor uns bewegte sich das Kaninchen wie ein Geist, lautlos und zu schnell, um es einzufangen.**

Попереду кролик рухався, немов привид, безшумний і надто швидкий, щоб його впіймати.

**All diese alten Instinkte – der Hunger, der Nervenkitzel – durchströmten Buck.**

Усі ці старі інстинкти — голод, трепет — пронизали Бака.

**Manchmal verspüren Menschen diesen Instinkt und werden dazu getrieben, mit Gewehr und Kugel zu jagen.**

Люди часом відчувають цей інстинкт, спонукані полювати з рушницею та кулею.

**Aber Buck empfand dieses Gefühl auf einer tieferen und persönlicheren Ebene.**

Але Бак відчував це почуття на глибшому та більш особистому рівні.

**Sie konnten die Wildnis nicht in ihrem Blut spüren, so wie Buck sie spüren konnte.**

Вони не могли відчувати дикість у своїй крові так, як її відчував Бак.

**Er jagte lebendes Fleisch, bereit, mit seinen Zähnen zu töten und Blut zu schmecken.**

Він гнався за живим м'ясом, готовий убити зубами та скуштувати крові.

**Sein Körper spannte sich vor Freude, er wollte in warmem, rotem Leben baden.**

Його тіло напружувалося від радості, бажаючи купатися в теплому червоному житті.

**Eine seltsame Freude markiert den höchsten Punkt, den das Leben jemals erreichen kann.**

Дивна радість знаменує собою найвищу точку, якої може досягти життя.

**Das Gefühl eines Gipfels, bei dem die Lebenden vergessen, dass sie überhaupt am Leben sind.**

Відчуття вершини, де живі забувають, що вони взагалі живі.

**Diese tiefe Freude berührt den Künstler, der sich in glühender Inspiration verliert.**

Ця глибока радість зворушує митця, зануреного у палке натхнення.

**Diese Freude ergreift den Soldaten, der wild kämpft und keinen Feind verschont.**

Ця радість охоплює солдата, який бореться несамовито і не щадить ворога.

**Diese Freude erfasste nun Buck, der das Rudel mit seinem Urhunger anführte.**

Ця радість тепер охопила Бака, коли він очолював зграю, сповнений первісного голоду.

**Er heulte mit dem uralten Wolfsschrei, aufgeregt durch die lebendige Jagd.**

Він завив стародавнім вовчим криком, захоплений живою погонею.

**Buck hat den ältesten Teil seiner selbst angezapft, der in der Wildnis verloren war.**

Бак торкнувся найдавнішої частини себе, загубленої в дикій природі.

**Er griff tief in sein Inneres, in die Vergangenheit, in die raue, uralte Zeit.**

Він сягнув глибоко всередину, у минуле, у сирий, давній час.

**Eine Welle puren Lebens durchströmte jeden Muskel und jede Sehne.**

Хвиля чистого життя пронизала кожен м'яз і сухожилля.

**Jeder Sprung schrie, dass er lebte, dass er durch den Tod ging.**

Кожен стрибок кричав, що він живий, що він рухається крізь смерть.

**Sein Körper schwebte freudig über stilles, kaltes Land, das sich nie regte.**

Його тіло радісно ширяло над нерухомою, холодною землею, яка ніколи не ворушилася.

**Spitz blieb selbst in seinen wildesten Momenten kalt und listig.**

Шпіц залишався холоднокровним і хитрим, навіть у свої найсміливіші моменти.

**Er verließ den Pfad und überquerte das Land, wo der Bach eine weite Biegung machte.**

Він зійшов зі стежки та перетнув місцевість там, де струмок широко вигинався.

**Buck, der davon nichts wusste, blieb auf dem gewundenen Pfad des Kaninchens.**

Бак, не підозрюючи про це, залишився на звивистій стежці кролика.

**Dann, als Buck um eine Kurve bog, stand das geisterhafte Kaninchen vor ihm.**

Тоді, коли Бак завернув за поворот, перед ним з'явився кролик, схожий на привида.

**Er sah, wie eine zweite Gestalt vor der Beute vom Ufer sprang.**

Він побачив, як друга постать стрибнула з берега попереду здобичі.

**Bei der Gestalt handelte es sich um Spitz, der direkt auf dem Weg des fliehenden Kaninchens landete.**

Фігурою був Шпіц, який приземлився прямо на шляху кролика, що тікав.

**Das Kaninchen konnte sich nicht umdrehen und traf mitten in der Luft auf Spitz' Kiefer.**

Кролик не міг повернутись і вдарився Шпіца щелепами в повітрі.

**Das Rückgrat des Kaninchens brach mit einem Schrei, der so scharf war wie der Schrei eines sterbenden Menschen.**

Хребет кролика зламався від крику, різкого, як крик вмираючої людини.

**Bei diesem Geräusch – dem Sturz vom Leben in den Tod – heulte das Rudel laut auf.**

На цей звук — падіння з життя у смерть — зграя голосно завила.

**Hinter Buck erhob sich ein wilder Chor voller dunkler Freude.**

З-за спини Бака пролунав дикий хор, сповнений похмурого захвату.

**Buck gab keinen Schrei von sich, keinen Laut, und stürmte direkt auf Spitz zu.**

Бак не крикнув, не видав жодного звуку і кинувся прямо на Шпіца.

**Er zielte auf die Kehle, traf aber stattdessen die Schulter.**

Він цілився в горло, але замість цього влучив у плече.

**Sie stürzten durch den weichen Schnee, ihre Körper waren in einen Kampf verstrickt.**

Вони котилися крізь м'який сніг; їхні тіла зчепилися в бою.

**Spitz sprang schnell auf, als wäre er nie niedergeschlagen worden.**

Шпіц швидко схопився, ніби його й не збили.

**Er schlug auf Bucks Schulter und sprang dann aus dem Kampf.**

Він рубонув Бака по плечу, а потім відскочив від бійки.

**Zweimal schnappten seine Zähne wie Stahlfallen, seine Lippen waren grimmig gekräuselt.**

Двічі його зуби клацнули, немов сталеві пастки, губи скривилися та люто відчувалися.

**Er wich langsam zurück und suchte festen Boden unter seinen Füßen.**

Він повільно відступив, шукаючи твердого ґрунту під ногами.

**Buck verstand den Moment sofort und vollkommen.**

Бак миттєво і повністю зрозумів момент.

**Die Zeit war gekommen; der Kampf würde ein Kampf auf Leben und Tod werden.**

Час настав; бій мав бути битвою не на життя, а на смерть.

**Die beiden Hunde umkreisten knurrend den Raum, legten die Ohren an und kniffen die Augen zusammen.**

Двоє собак кружляли навколо, гарчачи, з приплющеними вухами та змученими очима.

**Jeder Hund wartete darauf, dass der andere Schwäche zeigte oder einen Fehltritt machte.**

Кожен собака чекав, поки інший проявить слабкість або зробить невдалий крок.

**Buck hatte ein unheimliches Gefühl, die Szene zu kennen und tief in Erinnerung zu behalten.**

Баку ця сцена здалася моторошно відомою та глибоко запам'ятовувалася.

**Die weißen Wälder, die kalte Erde, die Schlacht im Mondlicht.**

Білі ліси, холодна земля, битва під місячним сяйвом.

**Eine schwere Stille erfüllte das Land, tief und unnatürlich.**

Важка тиша наповнила землю, глибока та неприродна.

**Kein Wind regte sich, kein Blatt bewegte sich, kein Geräusch unterbrach die Stille.**

Жоден вітерець не ворухнувся, жоден листок не ворухнувся, жоден звук не порушив тиші.

**Der Atem der Hunde stieg wie Rauch in die eiskalte, stille Luft.**

Дихання собак здіймалося, мов дим, у замерзлому, тихому повітрі.

**Das Kaninchen war von der Meute der wilden Tiere längst vergessen.**

Зграя диких звірів давно забула кролика.

**Diese halb gezähmten Wölfe standen nun still in einem weiten Kreis.**

Ці напівприручені вовки тепер стояли нерухомо у широкому колі.

**Sie waren still, nur ihre leuchtenden Augen verrieten ihren Hunger.**

Вони мовчали, лише їхні сяючі очі видавали їхній голод.

**Ihr Atem stieg auf, als sie den Beginn des Endkampfes beobachteten.**

Їхнє дихання перехопило, коли вони спостерігали за початком фінальної битви.

**Für Buck war dieser Kampf alt und erwartet, überhaupt nicht ungewöhnlich.**

Для Бака ця битва була старою та очікуваною, зовсім не дивною.

**Es fühlte sich an wie die Erinnerung an etwas, das schon immer passieren sollte.**

Це було схоже на спогад про щось, що завжди мало статися.

**Spitz war ein ausgebildeter Kampfhund, gestählt durch zahllose wilde Schlägereien.**

Шпіц був дресированим бійцівським собакою, відточеним незліченними дикими бійками.

**Von Spitzbergen bis Kanada hatte er viele Feinde besiegt.**

Від Шпіцбергена до Канади він підкорив багатьох ворогів.

**Er war voller Wut, ließ seiner Wut jedoch nie freien Lauf.**

Він був сповнений люті, але ніколи не давав собі волю.

**Seine Leidenschaft war scharf, aber immer durch einen harten Instinkt gemildert.**

Його пристрасть була гострою, але завжди стримуваною жорстким інстинктом.

**Er griff nie an, bis seine eigene Verteidigung stand.**

Він ніколи не атакував, доки не забезпечив власний захист.

**Buck versuchte immer wieder, Spitz' verwundbaren Hals zu erreichen.**

Бак знову і знову намагався дотягнутися до вразливої шиї Шпіца.

**Doch jeder Schlag wurde von Spitz' scharfen Zähnen mit einem Hieb beantwortet.**

Але кожен удар зустрічався різким ударом гострих зубів Шпіца.

**Ihre Reißzähne prallten aufeinander und beide Hunde bluteten aus den aufgerissenen Lippen.**

Їхні ікла зіткнулися, і в обох собак кров потекла з розірваних губ.

**Egal, wie sehr Buck sich auch wehrte, er konnte die Verteidigung nicht durchbrechen.**

Як би Бак не робив випадів, він не міг прорвати захист.

**Er wurde immer wütender und stürmte mit wilden Kraftausbrüchen hinein.**

Він дедалі більше розлютився, кидаючись уперед з шаленими сплесками сили.

**Immer wieder schlug Buck nach der weißen Kehle von Spitz.**

Знову й знову Бак бив по білій шийці Шпіца.

**Jedes Mal wich Spitz aus und schlug mit einem schneidenden Biss zurück.**

Щоразу Шпіц ухилявся і завдавав удару у відповідь різким укусом.

**Dann änderte Buck seine Taktik und stürzte sich erneut darauf, als wolle er ihm die Kehle zu Leibe rücken.**

Тоді Бак змінив тактику, знову кинувшись, ніби за горло.

**Doch er zog sich mitten im Angriff zurück und drehte sich um, um von der Seite zuzuschlagen.**

Але він відступив під час атаки, повернувшись, щоб ударити збоку.

**Er warf Spitz seine Schulter entgegen, um ihn niederzuschlagen.**

Він вдарив плечем Шпіца, прагнучи збити його з ніг.

**Bei jedem Versuch wich Spitz aus und konterte mit einem Hieb.**

Щоразу, коли він намагався, Шпіц ухилявся та парирував ударом.

**Bucks Schulter wurde wund, als Spitz nach jedem Schlag davonsprang.**

Плече Бака заболіло, коли Шпіц відстрибував після кожного удару.

**Spitz war nicht berührt worden, während Buck aus vielen Wunden blutete.**

Шпіца не чіпали, тоді як Бак стікав кров'ю з численних ран.

**Bucks Atem ging schnell und schwer, sein Körper war blutverschmiert.**

Бак важко й швидко дихав, його тіло було слизьким від крові.

**Mit jedem Biss und Angriff wurde der Kampf brutaler.**

З кожним укусом і атакою бійка ставала все жорстокішою.

**Um sie herum warteten sechzig stille Hunde darauf, dass der erste fiel.**

Навколо них шістдесят мовчазних собак чекали, коли впаде перший.

**Wenn ein Hund zu Boden ging, würde das Rudel den Kampf beenden.**

Якщо один собака впаде, зграя закінчить бійку.

**Spitz sah, dass Buck schwächer wurde, und begann, den Angriff voranzutreiben.**

Шпітц побачив, що Бак слабшає, і почав продовжувати атаку.

**Er brachte Buck aus dem Gleichgewicht und zwang ihn, um Halt zu kämpfen.**

Він тримав Бака втраченою рівновагою, змушуючи його боротися за рівновагу.

**Einmal stolperte Buck und fiel, und alle Hunde standen auf.**

Одного разу Бак спіткнувся та впав, і всі собаки підвелися.

**Doch Buck richtete sich mitten im Fall auf und alle sanken wieder zu Boden.**

Але Бак вирівнявся посеред падіння, і всі знову опустилися.

**Buck hatte etwas Seltenes – eine Vorstellungskraft, die aus tiefem Instinkt geboren war.**

Бак мав щось рідкісне — уяву, народжену глибоким інстинктом.

**Er kämpfte mit natürlichem Antrieb, aber auch mit List.**

Він бився, керуючись природним поривом, але також бився з хитрістю.

**Er griff erneut an, als würde er seinen Schulterangriffstrick wiederholen.**

Він знову кинувся в атаку, ніби повторюючи свій трюк з атакою плечем.

**Doch in der letzten Sekunde ließ er sich fallen und flog unter Spitz hindurch.**

Але в останню секунду він низько опустився і пройшов під Шпіцем.

**Seine Zähne schnappten um Spitz' linkes Vorderbein.**

Його зуби з тріском вчепилися в передню ліву ногу Шпіца.

**Spitz stand nun unsicher da, sein Gewicht ruhte nur noch auf drei Beinen.**

Шпіц тепер стояв невпевнено, спираючись лише на три ноги.

**Buck schlug erneut zu und versuchte dreimal, ihn zu Fall zu bringen.**

Бак знову вдарив, тричі спробував збити його.

**Beim vierten Versuch nutzte er denselben Zug mit Erfolg**

З четвертої спроби він успішно використав той самий прийом

**Diesmal gelang es Buck, Spitz in das rechte Bein zu beißen.**

Цього разу Баку вдалося вкусити Шпіца за праву ногу.

**Obwohl Spitz verkrüppelt war und große Schmerzen litt, kämpfte er weiter ums Überleben.**

Шпіц, хоч і був покалічений та страждав, продовжував боротися за виживання.

**Er sah, wie der Kreis der Huskys enger wurde, die Zungen herausstreckten und deren Augen leuchteten.**

Він побачив, як коло хаскі стискається, висунувши язики, а очі сяють.

**Sie warteten darauf, ihn zu verschlingen, so wie sie es mit anderen getan hatten.**

Вони чекали, щоб поглинути його, як це робили з іншими.

**Dieses Mal stand er im Mittelpunkt: besiegt und verdammt.**

Цього разу він стояв посередині; переможений і приречений.

**Für den weißen Hund gab es jetzt keine Möglichkeit mehr zu entkommen.**

Тепер у білого собаки не було жодного вибору втекти.

**Buck kannte keine Gnade, denn Gnade hatte in der Wildnis nichts zu suchen.**

Бак не виявляв милосердя, бо милосердя не належало до дикої природи.

**Buck bewegte sich vorsichtig und bereitete sich auf den letzten Angriff vor.**

Бак рухався обережно, готуючись до останньої атаки.

**Der Kreis der Huskys schloss sich, er spürte ihren warmen Atem.**

Коло хаскі зблизилося; він відчував їхнє тепле дихання.

**Sie duckten sich und waren bereit, im richtigen Moment zu springen.**

Вони низько присіли, готуючись стрибнути, коли настане слушний момент.

**Spitz zitterte im Schnee, knurrte und veränderte seine Haltung.**

Шпіц тремтів на снігу, гарчав і пересувався з місця.

**Seine Augen funkelten, seine Lippen waren gekräuselt und seine Zähne blitzten in verzweifelter Drohung.**

Його очі палали, губи скривилися, зуби блищали у відчайдушній погрозі.

**Er taumelte und versuchte immer noch, dem kalten Biss des Todes standzuhalten.**

Він похитнувся, все ще намагаючись стримати холодний укус смерті.

**Er hatte das schon früher erlebt, aber immer von der Gewinnerseite.**

Він бачив таке й раніше, але завжди з боку переможця.

**Jetzt war er auf der Verliererseite, der Besiegte, die Beute, der Tod.**

Тепер він був на боці переможених; переможених; здобичі; смерті.

**Buck umkreiste ihn für den letzten Schlag, der Hundekreis rückte näher.**

Бак обійшов його, готовий завдати останнього удару, а кільце собак зблизилося.

**Er konnte ihren heißen Atem spüren; bereit zum Töten.**

Він відчував їхнє гаряче дихання; готові були вбити.

**Stille breitete sich aus; alles war an seinem Platz; die Zeit war stehen geblieben.**

Запанувала тиша; все стало на свої місця; час зупинився.

**Sogar die kalte Luft zwischen ihnen gefror für einen letzten Moment.**

Навіть холодне повітря між ними на останню мить замерзло.

**Nur Spitz bewegte sich und versuchte, sein bitteres Ende abzuwenden.**

Тільки Шпіц ворухнувся, намагаючись стримати свій гіркий кінець.

**Der Kreis der Hunde schloss sich um ihn, und das war sein Schicksal.**

Коло собак звужувалося навколо нього, як і його доля.

**Er war jetzt verzweifelt, da er wusste, was passieren würde.**

Він був у відчаї, знаючи, що зараз станеться.

**Buck sprang hinein, Schulter an Schulter traf ein letztes Mal.**

Бак стрибнув уперед, востаннє торкнувшись плеча.

**Die Hunde drängten vorwärts und deckten Spitz in der verschneiten Dunkelheit.**

Собаки кинулися вперед, прикриваючи Шпіца у сніжній темряві.

**Buck sah zu, aufrecht stehend; der Sieger in einer wilden Welt.**

Бак спостерігав, стоячи високо; переможець у дикому світі.

**Das dominante Urtier hatte seine Beute gemacht, und es war gut.**

Домінантний первісний звір здобув свою жертву, і це було добре.

## Wer die Meisterschaft erlangt hat
Той, Хто Досяг Майстерності

„Wie? Was habe ich gesagt? Ich sage die Wahrheit, wenn ich
sage, dass Buck ein Teufel ist."

«Е? Що я такого сказав? Я маю рацію, коли кажу, що Бак
— диявол».

François sagte dies am nächsten Morgen, nachdem er
festgestellt hatte, dass Spitz verschwunden war.

Франсуа сказав це наступного ранку, після того як виявив,
що Шпіц зник.

Buck stand da, übersät mit Wunden aus dem erbitterten
Kampf.

Бак стояв там, вкритий ранами від жорстокої бійки.

François zog Buck zum Feuer und zeigte auf die
Verletzungen.

Франсуа підтягнув Бака до вогню та показав на поранення.

„Dieser Spitz hat gekämpft wie der Devik", sagte Perrault
und beäugte die tiefen Schnittwunden.

«Цей Шпіц бився, як Девік», — сказав Перро, розглядаючи
глибокі рани.

„Und dieser Buck hat wie zwei Teufel gekämpft",
antwortete François sofort.

«І той Бак бився, як два дияволи», — одразу відповів
Франсуа.

„Jetzt kommen wir gut voran; kein Spitz mehr, kein Ärger
mehr."

«Тепер ми добре поспішимо; жодного Шпіца більше,
жодних проблем».

Perrault packte die Ausrüstung und belud den Schlitten
sorgfältig.

Перро пакував спорядження та обережно вантажив сани.

François spannte die Hunde für den Lauf des Tages an.

Франсуа запряг собак, готуючись до денної пробіжки.

Buck trabte direkt an die Führungsposition, die einst Spitz
innehatte.

Бак помчав прямо до лідируючої позиції, яку колись займав Шпітц.

**Doch François bemerkte es nicht und führte Solleks nach vorne.**

Але Франсуа, не помічаючи цього, повів Соллекса вперед.

**Nach François' Einschätzung war Solleks nun der beste Leithund.**

На думку Франсуа, Соллекс тепер був найкращим собакою-поводирем.

**Buck stürzte sich wütend auf Solleks und trieb ihn aus Protest zurück.**

Бак розлючено кинувся на Соллекса та відштовхнув його назад на знак протесту.

**Er stand dort, wo einst Spitz gestanden hatte, und beanspruchte die Führungsposition.**

Він стояв там, де колись стояв Шпіц, претендуючи на лідируючу позицію.

**„Wie? Wie?", rief François und schlug sich amüsiert auf die Schenkel.**

«Е? Еге?» — вигукнув Франсуа, весело ляскаючи себе по стегнах.

**„Sehen Sie sich Buck an – er hat Spitz umgebracht und jetzt will er ihm den Job wegnehmen!"**

«Подивись на Бака — він убив Шпіца, а тепер хоче зайняти цю роботу!»

**„Geh weg, Chook!", schrie er und versuchte, Buck zu vertreiben.**

«Іди геть, Чуку!» — крикнув він, намагаючись прогнати Бака.

**Aber Buck weigerte sich, sich zu bewegen und blieb fest im Schnee stehen.**

Але Бак відмовився рухатися і твердо стояв на снігу.

**François packte Buck am Genick und zog ihn beiseite.**

Франсуа схопив Бака за шкірку й відтягнув його вбік.

**Buck knurrte leise und drohend, griff aber nicht an.**

Бак тихо та загрозливо гаркнув, але не атакував.

**François brachte Solleks wieder in Führung und versuchte, den Streit zu schlichten**

Франсуа вивів Соллекса вперед, намагаючись врегулювати суперечку.

**Der alte Hund zeigte Angst vor Buck und wollte nicht bleiben.**

Старий собака виявляв страх перед Баком і не хотів залишатися.

**Als François ihm den Rücken zuwandte, verjagte Buck Solleks wieder.**

Коли Франсуа повернувся спиною, Бак знову вигнав Соллекса.

**Solleks leistete keinen Widerstand und trat erneut leise zur Seite.**

Соллекс не чинив опору і знову тихо відійшов убік.

**François wurde wütend und schrie: „Bei Gott, ich werde dich heilen!"**

Франсуа розсердився і закричав: «Боже мій, я тебе вилечу!»

**Er kam mit einer schweren Keule in der Hand auf Buck zu.**

Він підійшов до Бака, тримаючи в руці важку палицю.

**Buck erinnerte sich gut an den Mann im roten Pullover.**

Бак добре пам'ятав чоловіка в червоному светрі.

**Er zog sich langsam zurück, beobachtete François, knurrte jedoch tief.**

Він повільно відступив, спостерігаючи за Франсуа, але глибоко гарчачи.

**Er eilte nicht zurück, auch nicht, als Solleks an seiner Stelle stand.**

Він не поспішив назад, навіть коли Соллекс став на його місці.

**Buck kreiste knapp außerhalb seiner Reichweite und knurrte wütend und protestierend.**

Бак кружляв трохи поза межами досяжності, гарчачи від люті та протесту.

**Er behielt den Schläger im Auge und war bereit auszuweichen, falls François warf.**

Він не відводив очей від кийка, готовий ухилитися, якщо Франсуа кине.

**Er war weise und vorsichtig geworden im Umgang mit bewaffneten Männern.**

Він став мудрішим і обережнішим у поводженні з людьми зі зброєю.

**François gab auf und rief Buck erneut an seinen alten Platz.**

Франсуа здався і знову покликав Бака на своє попереднє місце.

**Aber Buck trat vorsichtig zurück und weigerte sich, dem Befehl Folge zu leisten.**

Але Бак обережно відступив, відмовляючись виконувати наказ.

**François folgte ihm, aber Buck wich nur ein paar Schritte zurück.**

Франсуа пішов за ним, але Бак відступив лише на кілька кроків.

**Nach einiger Zeit warf François frustriert die Waffe hin.**

Через деякий час Франсуа у розпачі кинув зброю.

**Er dachte, Buck hätte Angst vor einer Tracht Prügel und würde ruhig kommen.**

Він думав, що Бак боїться побиття і збирається прийти тихенько.

**Aber Buck wollte sich nicht vor einer Strafe drücken – er kämpfte um seinen Rang.**

Але Бак не уникав покарання — він боровся за звання.

**Er hatte sich den Platz als Leithund durch einen Kampf auf Leben und Tod verdient**

Він заслужив місце собаки-поводиря битвою до смерті

**er würde sich mit nichts Geringerem zufrieden geben, als der Anführer zu sein.**

він не збирався погоджуватися на менше, ніж бути лідером.

**Perrault beteiligte sich an der Verfolgung, um den rebellischen Buck zu fangen.**

Перро долучився до погоні, щоб допомогти спіймати непокірного Бака.

**Gemeinsam ließen sie ihn fast eine Stunde lang durch das Lager laufen.**

Разом вони майже годину ганяли його по табору.

**Sie warfen Knüppel nach ihm, aber Buck wich jedem Schlag geschickt aus.**

Вони кидали в нього кийки, але Бак вміло ухилявся від кожної.

**Sie verfluchten ihn, seine Vorfahren, seine Nachkommen und jedes Haar an ihm.**

Вони прокляли його, його предків, його нащадків і кожну волосину на ньому.

**Aber Buck knurrte nur zurück und blieb gerade außerhalb ihrer Reichweite.**

Але Бак лише гаркнув у відповідь і тримався поза їхньою досяжністю.

**Er versuchte nie wegzulaufen, sondern umkreiste das Lager absichtlich.**

Він ніколи не намагався втекти, а навмисно обходив табір.

**Er machte klar, dass er gehorchen würde, sobald sie ihm gäben, was er wollte.**

Він чітко дав зрозуміти, що підкориться, як тільки вони дадуть йому те, що він хоче.

**Schließlich setzte sich François hin und kratzte sich frustriert am Kopf.**

Франсуа нарешті сів і роздратовано почухав голову.

**Perrault sah auf seine Uhr, fluchte und murmelte etwas über die verlorene Zeit.**

Перро глянув на годинник, вилаявся і пробурмотів щось про втрачений час.

**Obwohl sie eigentlich auf der Spur sein sollten, war bereits eine Stunde vergangen.**

Вже минула година з того часу, як вони мали бути на стежці.

**François zuckte verlegen mit den Achseln, als der Kurier resigniert seufzte.**

Франсуа сором'язливо знизав плечима, дивлячись на кур'єра, який зітхнув з поразкою.

**Dann ging François zu Solleks und rief Buck noch einmal.**

Потім Франсуа підійшов до Соллекса і ще раз гукнув Бака.

**Buck lachte wie ein Hund, wahrte jedoch vorsichtig seine Distanz.**

Бак реготав, як собака, але тримався на обережній дистанції.

**François nahm Solleks das Geschirr ab und brachte ihn an seinen Platz zurück.**

Франсуа зняв із Соллекса шлейку та повернув його на місце.

**Das Schlittenteam stand voll angespannt da, nur ein Platz war unbesetzt.**

Санна була повністю запряжена, залишаючи лише одне вільне місце.

**Die Führungsposition blieb leer und war eindeutig nur für Buck bestimmt.**

Лідерська позиція залишалася порожньою, явно призначеною лише для Бака.

**François rief erneut, und wieder lachte Buck und blieb standhaft.**

Франсуа знову гукнув, і Бак знову засміявся та встояв на своєму.

**„Wirf die Keule weg", befahl Perrault ohne zu zögern.**

«Кинь кийок», — без вагань наказав Перро.

**François gehorchte und Buck trabte sofort stolz vorwärts.**

Франсуа послухався, і Бак одразу ж гордо попрямував уперед.

**Er lachte triumphierend und übernahm die Führungsposition.**

Він переможно засміявся і зайняв лідируючу позицію.

**François befestigte seine Leinen und der Schlitten wurde losgerissen.**

Франсуа закріпив свої сліди, і сани відірвались.

**Beide Männer liefen neben dem Team her, als es auf den Flusspfad rannte.**

Обидва чоловіки бігли поруч, коли команда мчала стежкою вздовж річки.

**François hatte Bucks „zwei Teufel" sehr geschätzt,**

Франсуа мав високу думку про «двох дияволів» Бака

**aber er merkte bald, dass er den Hund tatsächlich unterschätzt hatte.**

але невдовзі він зрозумів, що насправді недооцінив собаку.

**Buck übernahm schnell die Führung und erbrachte hervorragende Leistungen.**

Бак швидко взяв на себе лідерство та показав відмінні результати.

**In puncto Urteilsvermögen, schnelles Denken und schnelles Handeln übertraf Buck Spitz.**

У кмітливості, швидкому мисленні та швидких діях Бак перевершив Шпітца.

**François hatte noch nie einen Hund gesehen, der dem von Buck gleichkam.**

Франсуа ніколи не бачив собаки, подібного до того, якого зараз демонстрував Бак.

**Aber Buck war wirklich herausragend darin, für Ordnung zu sorgen und Respekt zu erlangen.**

Але Бак справді досяг успіху в забезпеченні порядку та викликанні поваги.

**Dave und Solleks akzeptierten die Änderung ohne Bedenken oder Protest.**

Дейв і Соллекс прийняли зміну без занепокоєння чи протестів.

**Sie konzentrierten sich nur auf die Arbeit und zogen kräftig die Zügel an.**

Вони зосередилися лише на роботі та наполегливо тримали віжки.

**Es war ihnen egal, wer führte, solange der Schlitten in Bewegung blieb.**

Їм було байдуже, хто веде, головне, щоб сани рухалися.

**Billee, der Fröhliche, hätte, soweit es sie interessierte, die Führung übernehmen können.**

Біллі, життєрадісна, могла б повести за собою як завгодно.

**Was ihnen wichtig war, waren Frieden und Ordnung in den Reihen.**

Для них головним був мир і порядок у лавах.


**Der Rest des Teams war während Spitz' Niedergang unbändig geworden.**

Решта команди стала неслухняною під час занепаду Шпіца.

**Sie waren schockiert, als Buck sie sofort zur Ordnung rief.**

Вони були шоковані, коли Бак одразу ж навів їх до ладу.

**Pike war immer faul gewesen und hatte Buck hinterhergehangen.**

Пайк завжди був лінивим і тягнувся за Баком.

**Doch nun wurde er von der neuen Führung scharf diszipliniert.**

Але тепер нове керівництво суворо його дисциплінувало.

**Und er lernte schnell, seinen Teil zum Team beizutragen.**

I він швидко навчився брати на себе відповідальність у команді.

**Am Ende des Tages hatte Pike härter gearbeitet als je zuvor.**

До кінця дня Пайк працював старанніше, ніж будь-коли раніше.

**In dieser Nacht im Lager wurde Joe, der mürrische Hund, endlich beruhigt.**

Тієї ночі в таборі Джо, кислий пес, нарешті був приборканий.

**Spitz hatte es nicht geschafft, ihn zu disziplinieren, aber Buck versagte nicht.**

Шпіц не зміг його покарати, але Бак не підвів.

**Durch die Nutzung seines größeren Gewichts überwältigte Buck Joe in Sekundenschnelle.**

Використовуючи свою більшу вагу, Бак за лічені секунди здолав Джо.

**Er biss und schlug Joe, bis dieser wimmerte und aufhörte, sich zu wehren.**

Він кусав і бив Джо, доки той не заскиглив і не перестав чинити опір.

**Von diesem Moment an verbesserte sich das gesamte Team.**

З того моменту вся команда покращилася.

**Die Hunde erlangten ihre alte Einheit und Disziplin zurück.**

Собаки повернули собі колишню єдність і дисципліну.

**In Rink Rapids kamen zwei neue einheimische Huskies hinzu, Teek und Koona.**

У Рінк-Рапідс до нас приєдналися два нових місцевих хаскі, Тік та Куна.

**Bucks schnelle Ausbildung erstaunte sogar François.**

Швидке навчання Баком вразило навіть Франсуа.

**„So einen Hund wie diesen Buck hat es noch nie gegeben!", rief er erstaunt.**

«Ніколи не було такого собаки, як цей Бак!» — вигукнув він з подивом.

**„Nein, niemals! Er ist tausend Dollar wert, bei Gott!"**

«Ні, ніколи! Він же вартий тисячі доларів, їй-богу!»

**„Wie? Was sagst du dazu, Perrault?", fragte er stolz.**

«Га? Що ви скажете, Перро?» — спитав він з гордістю.

**Perrault nickte zustimmend und überprüfte seine Notizen.**

Перро кивнув на знак згоди та перевірив свої нотатки.

**Wir liegen bereits vor dem Zeitplan und kommen täglich weiter voran.**

Ми вже випереджаємо графік і з кожним днем набираємо обертів.

**Der Weg war festgestampft und glatt, es lag kein Neuschnee.**

Стежка була твердою та гладкою, без свіжого снігу.

**Es war konstant kalt und lag die ganze Zeit bei minus fünfzig Grad.**

Холод був стабільним, весь час тримаючись на позначці п'ятдесят градусів нижче нуля.

**Die Männer ritten und rannten abwechselnd, um sich warm zu halten und Zeit zu gewinnen.**

Чоловіки їхали та бігли по черзі, щоб зігрітися та виграти час.

**Die Hunde rannten schnell, mit wenigen Pausen, immer vorwärts.**

Собаки бігли швидко, майже не зупиняючись, завжди штовхаючись уперед.

**Der Thirty Mile River war größtenteils zugefroren und leicht zu überqueren.**

Річка Тридцять-Майл була здебільшого замерзла і її було легко перетнути.

**Was zehn Tage gedauert hatte, wurde an einem Tag verschickt.**

Вони вийшли за один день, на прибуття яких знадобилося десять днів.

**Sie legten einen sechsundneunzig Kilometer langen Sprint vom Lake Le Barge nach White Horse zurück.**

Вони здійснили шістдесятимильний ривок від озера Ле-Барж до Білого Коня.

**Sie bewegten sich unglaublich schnell über die Seen Marsh, Tagish und Bennett.**

Через озера Марш, Тагіш та Беннетт вони рухалися неймовірно швидко.

**Der laufende Mann wird an einem Seil hinter dem Schlitten hergezogen.**

Бігун тягнув за санками мотузку.

**In der letzten Nacht der zweiten Woche erreichten sie ihr Ziel.**

В останню ніч другого тижня вони дісталися до місця призначення.

**Sie hatten gemeinsam die Spitze des White Pass erreicht.**

Вони разом досягли вершини Білого перевалу.

**Sie sanken auf Meereshöhe hinab, mit den Lichtern von Skaguay unter ihnen.**

Вони спустилися до рівня моря, а вогні Скагуея були під ними.

**Es war ein Rekordlauf durch kilometerlange kalte Wildnis.**

Це був рекордний пробіг через багатокілометрову холодну пустелю.

**An vierzehn aufeinanderfolgenden Tagen legten sie im Durchschnitt satte vierundsechzig Kilometer zurück.**

Протягом чотирнадцяти днів поспіль вони в середньому долали сорок миль.

**In Skaguay transportierten Perrault und François Fracht durch die Stadt.**

У Скагуеї Перро та Франсуа перевозили вантажі через місто.

**Die bewundernde Menge jubelte ihnen zu und bot ihnen viele Getränke an.**

Захоплені натовпи вітали їх оплесками та пропонували багато напоїв.

**Hundefänger und Arbeiter versammelten sich um das berühmte Hundegespann.**

Щуни-собаки та працівники зібралися навколо відомої собачої упряжки.

**Dann kamen Gesetzlose aus dem Westen in die Stadt und erlitten eine brutale Niederlage.**

Потім до міста прийшли західні злочинці та зазнали жорстокої поразки.

**Die Leute vergaßen bald das Team und konzentrierten sich auf neue Dramen.**

Люди швидко забули про команду та зосередилися на новій драмі.

**Dann kamen die neuen Befehle, die alles auf einen Schlag veränderten.**

Потім з'явилися нові накази, які одразу все змінили.

**François rief Buck zu sich und umarmte ihn mit tränenreichem Stolz.**

Франсуа покликав Бака до себе та обійняв його зі сльозами на очах.

**In diesem Moment sah Buck François zum letzten Mal wieder.**

Того моменту Бак востаннє бачив Франсуа.

**Wie viele Männer zuvor waren sowohl François als auch Perrault nicht mehr da.**

Як і багато чоловіків до цього, і Франсуа, і Перро вже не було в живих.

**Ein schottischer Mischling übernahm das Kommando über Buck und seine Schlittenhunde-Kollegen.**

Шотландський метис взяв на себе відповідальність за Бака та його товаришів по команді їздових собак.

**Mit einem Dutzend anderer Hundegespanne kehrten sie auf dem Weg nach Dawson zurück.**

З десятком інших собачих упряжок вони повернулися стежкою до Доусона.

**Es war kein Schnelllauf mehr, sondern harte Arbeit mit einer schweren Last jeden Tag.**

Це вже не був швидкий біг — лише важка праця з важким вантажем щодня.

**Dies war der Postzug, der den Goldsuchern in der Nähe des Pols Nachrichten brachte.**

Це був поштовий поїзд, який віз звістки мисливцям за золотом поблизу полюса.

**Buck mochte die Arbeit nicht, ertrug sie jedoch gut und war stolz auf seine Leistung.**

Баку не подобалася ця робота, але він добре її зносив, пишаючись своїми зусиллями.

**Wie Dave und Solleks zeigte Buck Hingabe bei jeder täglichen Aufgabe.**

Як і Дейв і Соллекс, Бак виявляв відданість кожному щоденному завданню.

**Er stellte sicher, dass jeder seiner Teamkollegen seinen Teil beitrug.**

Він подбав про те, щоб кожен з його товаришів по команді зробив свою справу.

**Das Leben auf dem Trail wurde langweilig und wiederholte sich mit der Präzision einer Maschine.**

Життя на стежці стало нудним, повторюваним з точністю машини.

**Jeder Tag fühlte sich gleich an, ein Morgen ging in den nächsten über.**

Кожен день був однаковим, один ранок зливався з наступним.

**Zur gleichen Stunde standen die Köche auf, um Feuer zu machen und Essen zuzubereiten.**

Тієї ж години кухарі встали, щоб розпалити багаття та приготувати їжу.

**Nach dem Frühstück verließen einige das Lager, während andere die Hunde anspannten.**

Після сніданку дехто покинув табір, а інші запрягли собак.

**Sie machten sich auf den Weg, bevor die schwache Morgendämmerung den Himmel berührte.**

Вони вийшли на стежку ще до того, як небо торкнулося тьмяних променів світанку.

**Nachts hielten sie an, um ihr Lager aufzuschlagen, wobei jeder Mann eine festgelegte Aufgabe hatte.**

Вночі вони зупинялися, щоб розбити табір, кожен чоловік мав свій обов'язок.

**Einige stellten die Zelte auf, andere hackten Feuerholz und sammelten Kiefernzweige.**

Дехто розбивав намети, інші рубали дрова та збирали соснове гілля.

**Zum Abendessen wurde den Köchen Wasser oder Eis mitgebracht.**

На вечерю кухарям несли воду або лід.

**Die Hunde wurden gefüttert und das war für sie der schönste Teil des Tages.**

Собак нагодували, і це була для них найкраща частина дня.

**Nachdem sie Fisch gegessen hatten, entspannten sich die Hunde und machten es sich in der Nähe des Feuers gemütlich.**

Після того, як собаки поїли риби, вони розслабилися та відпочили біля вогнища.

**Im Konvoi waren noch hundert andere Hunde, unter die man sich mischen konnte.**

У колоні було ще близько сотні собак, з якими можна було спілкуватися.

**Viele dieser Hunde waren wild und kämpften ohne Vorwarnung.**

Багато з цих собак були лютими та швидко билися без попередження.

**Doch nach drei Siegen war Buck selbst den härtesten Kämpfern überlegen.**

Але після трьох перемог Бак опанував навіть найзапекліших бійців.

**Als Buck nun knurrte und die Zähne fletschte, traten sie zur Seite.**

Тепер, коли Бак загарчав і показав зуби, вони відступили вбік.

**Und das Beste war vielleicht, dass Buck es liebte, neben dem flackernden Lagerfeuer zu liegen.**

Мабуть, найбільше Бак любив лежати біля мерехтливого багаття.

**Er hockte mit angezogenen Hinterbeinen und nach vorne gestreckten Vorderbeinen.**

Він присів, підібгавши задні лапи та витягнувши передні вперед.

**Er hatte den Kopf erhoben und blinzelte sanft in die glühenden Flammen.**

Він підняв голову, ледь помітно кліпаючи очима на сяюче полум'я.

**Manchmal musste er an Richter Millers großes Haus in Santa Clara denken.**

Іноді він згадував великий будинок судді Міллера в Санта-Кларі.

**Er dachte an den Zementpool, an Ysabel und den Mops namens Toots.**

Він подумав про цементний басейн, про Ізабель та мопса на ім'я Тутс.

**Aber häufiger musste er an die Keule des Mannes mit dem roten Pullover denken.**

Але частіше він згадував чоловіка з кийком у червоному светрі.

**Er erinnerte sich an Curlys Tod und seinen erbitterten Kampf mit Spitz.**

Він згадав смерть Кучерява та його запеклу битву зі Шпіцем.

**Er erinnerte sich auch an das gute Essen, das er gegessen hatte oder von dem er immer noch träumte.**

Він також згадував смачну їжу, яку їв або про яку досі мріяв.

**Buck hatte kein Heimweh – das warme Tal war weit weg und unwirklich.**

Бак не сумував за домівкою — тепла долина була далекою та нереальною.

**Die Erinnerungen an Kalifornien hatten keine große Anziehungskraft mehr auf ihn.**

Спогади про Каліфорнію більше не мали на нього жодного справжнього впливу.

**Stärker als die Erinnerung waren die tief in seinem Blut verwurzelten Instinkte.**

Сильнішими за пам'ять були інстинкти, глибоко закладені в його крові.

**Einst verlorene Gewohnheiten waren zurückgekehrt und durch den Weg und die Wildnis wiederbelebt worden.**

Колись втрачені звички повернулися, відроджені стежкою та дикою природою.

**Während Buck das Feuerlicht betrachtete, veränderte sich seine Wahrnehmung manchmal.**

Коли Бак спостерігав за світлом вогню, воно часом ставало чимось іншим.

**Er sah im Feuerschein ein anderes Feuer, älter und tiefer als das gegenwärtige.**

У світлі каміна він побачив інше вогнище, старше та глибше за теперішнє.

**Neben dem anderen Feuer hockte ein Mann, der anders aussah als der Mischlingskoch.**

Біля того іншого вогню причаївся чоловік, несхожий на кухаря-метиса.

**Diese Figur hatte kurze Beine, lange Arme und harte, verknotete Muskeln.**

Ця фігура мала короткі ноги, довгі руки та тверді, вузлуваті м'язи.

**Sein Haar war lang und verfilzt und fiel von den Augen nach hinten ab.**

Його волосся було довге й скуйовджене, воно спадало назад від очей.

**Er gab seltsame Geräusche von sich und starrte voller Angst in die Dunkelheit.**

Він видавав дивні звуки та з переляком дивився на темряву.

**Er hielt eine Steinkeule tief in seiner langen, rauen Hand fest.**

Він низько тримав кам'яну палицю, міцно затиснуту в довгій шорсткій руці.

**Der Mann trug wenig, nur eine verkohlte Haut, die ihm den Rücken hinunterhing.**

Чоловік був майже не одягнений; лише обвуглена шкіра, що звисала з його спини.

**Sein Körper war an Armen, Brust und Oberschenkeln mit dichtem Haar bedeckt.**

Його тіло було вкрите густим волоссям на руках, грудях і стегнах.

**Einige Teile des Haares waren zu rauen Fellbüscheln verfilzt.**

Деякі частини волосся були переплутані в клапті грубого хутра.

**Er stand nicht gerade, sondern war von der Hüfte bis zu den Knien nach vorne gebeugt.**

Він не стояв прямо, а нахилився вперед від стегон до колін.

**Seine Schritte waren federnd und katzenartig, als wäre er immer zum Sprung bereit.**

Його кроки були пружними та котячими, ніби завжди готові стрибнути.

**Er war in höchster Wachsamkeit, als lebte er in ständiger Angst.**

Була якась різка пильність, ніби він жив у постійному страху.

**Dieser alte Mann schien mit Gefahr zu rechnen, ob er die Gefahr nun sah oder nicht.**

Здавалося, що цей стародавній чоловік очікував небезпеки, незалежно від того, чи бачила вона небезпеку, чи ні.

**Manchmal schlief der haarige Mann am Feuer, den Kopf zwischen die Beine gesteckt.**

Часом волохатий чоловік спав біля вогню, засунувши голову між ніг.

**Seine Ellbogen ruhten auf seinen Knien, die Hände waren über seinem Kopf gefaltet.**

Його лікті лежали на колінах, руки були схрещені над головою.

**Wie ein Hund benutzte er seine haarigen Arme, um den fallenden Regen abzuschütteln.**

Як собака, він використовував свої волохаті руки, щоб скидати з себе дощ, що падав.

**Hinter dem Feuerschein sah Buck zwei Kohlen im Dunkeln glühen.**

За світлом вогню Бак побачив, як у темряві сяють два вугілля.

**Immer zu zweit, waren sie die Augen der sich anpirschenden Raubtiere.**

Завжди по двоє, вони були очима хижих звірів, що переслідували їх.

**Er hörte, wie Körper durchs Unterholz krachten und Geräusche in der Nacht.**

Він чув, як тіла провалюються крізь кущі, та звуки, що доносилися вночі.

**Buck lag blinzelnd am Ufer des Yukon und träumte am Feuer.**

Лежачи на березі Юкону, кліпаючи очима, Бак мріяв біля вогнища.

**Die Anblicke und Geräusche dieser wilden Welt ließen ihm die Haare zu Berge stehen.**

Від видовища та звуків цього дикого світу його волосся стало дибки.

**Das Fell stand ihm über den Rücken, die Schultern und den Hals hinauf.**

Хутро стало дибки по його спині, плечах і шиї.

**Er wimmerte leise oder gab ein tiefes Knurren aus der Brust von sich.**

Він тихо скиглив або глибоко в грудях тихо гарчав.

**Dann rief der Mischlingskoch: „Hey, du Buck, wach auf!"**

Тоді кухар-метис крикнув: «Гей, Баку, прокидайся!»

**Die Traumwelt verschwand und das wirkliche Leben kehrte in Bucks Augen zurück.**

Світ мрій зник, і реальне життя повернулося в очі Бака.

**Er wollte aufstehen, sich strecken und gähnen, als wäre er aus einem Nickerchen erwacht.**

Він збирався встати, потягнутися та позіхнути, ніби прокинувся від дрімоти.

**Die Reise war anstrengend, da sie den Postschlitten hinter sich herziehen mussten.**

Подорож була важкою, поштові сани тягнулися за ними.

**Schwere Lasten und harte Arbeit zermürbten die Hunde jeden langen Tag.**

Важкі вантажі та важка робота виснажували собак кожного довгого дня.

**Sie kamen dünn und müde in Dawson an und brauchten über eine Woche Ruhe.**

Вони дісталися до Доусона виснаженими, втомленими та потребуючи відпочинку понад тиждень.

**Doch nur zwei Tage später machten sie sich erneut auf den Weg den Yukon hinunter.**

Але лише через два дні вони знову вирушили вниз по Юкону.

**Sie waren mit weiteren Briefen beladen, die für die Außenwelt bestimmt waren.**

Вони були навантажені ще більшою кількістю листів, що прямували до зовнішнього світу.

**Die Hunde waren erschöpft und die Männer beschwerten sich ständig.**

Собаки були виснажені, а чоловіки постійно скаржилися.

**Jeden Tag fiel Schnee, der den Weg weicher machte und die Schlitten verlangsamte.**

Сніг падав щодня, розм'якшуючи стежку та уповільнюючи рух санок.

**Dies führte zu einem stärkeren Ziehen und einem größeren Widerstand der Läufer.**

Це призвело до важчого тягнення та більшого опору бігунам.

**Trotzdem waren die Fahrer fair und kümmerten sich um ihre Teams.**

Незважаючи на це, водії були справедливими та піклувалися про свої команди.

**Jeden Abend wurden die Hunde gefüttert, bevor die Männer etwas zu essen bekamen.**

Щовечора собак годували, перш ніж чоловіки могли їсти.

**Kein Mann geht schlafen, ohne vorher die Pfoten seines eigenen Hundes zu kontrollieren.**

Жоден чоловік не спав, не перевіривши ноги власного собаки.

**Dennoch wurden die Hunde mit jeder zurückgelegten Strecke schwächer.**

Однак, собаки слабшали, оскільки кілометри зношували їхні тіла.

**Sie waren den ganzen Winter über zweitausendachthundert Kilometer gereist.**

За зиму вони подолали вісімсот миль.

**Sie zogen Schlitten über jede Meile dieser brutalen Distanz.**

Вони тягнули сани кожну милю цієї жорстокої відстані.

**Selbst die härtesten Schlittenhunde spüren nach so vielen Kilometern die Belastung.**

Навіть найвитриваліші їздові собаки відчувають напругу після стількох миль.

**Buck hielt durch, sorgte für die Weiterarbeit seines Teams und sorgte für die nötige Disziplin.**

Бак тримався, підтримував роботу своєї команди та дисципліну.

**Aber Buck war müde, genau wie die anderen auf der langen Reise.**

Але Бак був втомлений, як і інші під час довгої подорожі.

**Billee wimmerte und weinte jede Nacht ohne Ausnahme im Schlaf.**

Біллі щоночі без перерви скиглив і плакав уві сні.

**Joe wurde noch verbitterter und Solleks blieb kalt und distanziert.**

Джо ще більше озлобився, а Соллекс залишався холодним і відстороненим.

**Doch Dave war derjenige des gesamten Teams, der am meisten darunter litt.**

Але саме Дейв постраждав найбільше з усієї команди.

**Irgendetwas in seinem Inneren war schiefgelaufen, doch niemand wusste, was.**

Щось у ньому пішло не так, хоча ніхто не знав що саме.

**Er wurde launischer und fuhr andere mit wachsender Wut an.**

Він ставав похмурішим і з дедалі більшим гнівом огризався на інших.

**Jede Nacht ging er direkt zu seinem Nest und wartete darauf, gefüttert zu werden.**

Щоночі він ішов прямо до свого гнізда, чекаючи, поки його нагодують.

**Als Dave einmal unten war, stand er bis zum Morgen nicht mehr auf.**

Як тільки він спустився, Дейв не вставав до ранку.

**Plötzliche Rucke oder Anlaufe an den Zügeln ließen ihn vor Schmerzen aufschreien.**

Різкі ривки чи здригання на віжах змушували його кричати від болю.

**Sein Fahrer suchte nach der Ursache, konnte jedoch keine Verletzungen feststellen.**

Його водій з'ясував причину, але не виявив у нього жодних травм.

**Alle Fahrer beobachteten Dave und besprachen seinen Fall.**

Усі водії почали спостерігати за Дейвом та обговорювати його справу.

**Sie unterhielten sich beim Essen und während ihrer letzten Zigarette des Tages.**

Вони розмовляли за їжею та під час останньої сигарети за день.

**Eines Nachts hielten sie eine Versammlung ab und brachten Dave zum Feuer.**

Одного вечора вони провели зустріч і привели Дейва до багаття.

**Sie drückten und untersuchten seinen Körper und er schrie oft.**

Вони тиснули та торкалися його тіла, і він часто кричав.

**Offensichtlich stimmte etwas nicht, auch wenn keine Knochen gebrochen zu sein schienen.**

Очевидно, щось було не так, хоча, здавалося, жодної кістки не було зламано.

**Als sie Cassiar Bar erreichten, war Dave am Umfallen.**

Коли вони дісталися до бару «Кассіар», Дейв уже падав.

**Der schottische Mischling machte Schluss und nahm Dave aus dem Team.**

Шотландський метис оголосив зупинку та виключив Дейва з команди.

**Er befestigte Solleks an Daves Stelle, ganz vorne am Schlitten.**

Він прикріпив Соллекс на місці Дейва, найближче до передньої частини саней.

**Er wollte Dave ausruhen und ihm die Freiheit geben, hinter dem fahrenden Schlitten herzulaufen.**

Він мав намір дати Дейву відпочити та вільно бігати за санками, що рухалися.

**Doch selbst als er krank war, hasste Dave es, von seinem Job geholt zu werden.**

Але навіть хворий, Дейв ненавидів, коли його забирали з роботи, яку він мав.

**Er knurrte und wimmerte, als ihm die Zügel aus dem Körper gerissen wurden.**

Він загарчав і заскиглив, коли з його тіла зняли віжки.

**Als er Solleks an seiner Stelle sah, weinte er vor gebrochenem Herzen.**

Коли він побачив Соллекса на своєму місці, то заплакав від розбитого серця болю.

**Dave war noch immer stolz auf seine Arbeit auf dem Weg, selbst als der Tod nahte.**

Гордість за роботу на стежках глибоко відчувалася в Дейві, навіть коли наближалася смерть.

**Während der Schlitten fuhr, kämpfte sich Dave durch den weichen Schnee in der Nähe des Pfades.**

Коли сани рухалися, Дейв торкався м'якого снігу біля стежки.

**Er griff Solleks an, biss ihn und stieß ihn von der Seite des Schlittens.**

Він напав на Соллекса, кусаючи та штовхаючи його з боку саней.

**Dave versuchte, in das Geschirr zu springen und seinen Arbeitsplatz zurückzuerobern.**

Дейв спробував застрибнути в ремінь безпеки та повернути собі робоче місце.

**Er schrie, jammerte und weinte, hin- und hergerissen zwischen Schmerz und Stolz auf die Wehen.**

Він верещав, скиглив і плакав, розриваючись між болем і гордістю за працю.

**Der Mischling versuchte, Dave mit seiner Peitsche vom Team zu vertreiben.**

Метис спробував своїм батогом відігнати Дейва від команди.

**Doch Dave ignorierte den Hieb und der Mann konnte nicht härter zuschlagen.**

Але Дейв проігнорував удар батогом, і чоловік не зміг вдарити його сильніше.

**Dave lehnte den einfacheren Weg hinter dem Schlitten ab, wo der Schnee festgefahren war.**

Дейв відмовився від легшого шляху за санками, де був утрамбований сніг.

**Stattdessen kämpfte er sich elend durch den tiefen Schnee neben dem Weg.**

Натомість він мучився у глибокому снігу біля стежки, страждаючи.

**Schließlich brach Dave zusammen, blieb im Schnee liegen und schrie vor Schmerzen.**

Зрештою, Дейв знепритомнів, лежачи на снігу та виючи від болю.

**Er schrie auf, als die lange Schlittenkette einer nach dem anderen an ihm vorbeifuhr.**

Він скрикнув, коли довгий шлейф саней одна за одною проїжджав повз нього.

**Dennoch stand er mit der ihm verbleibenden Kraft auf und stolperte ihnen hinterher.**

І все ж, з останніми силами, він підвівся і, спотикаючись, пішов за ними.

**Als der Zug wieder anhielt, holte er ihn ein und fand seinen alten Schlitten.**

Він наздогнав, коли поїзд знову зупинився, і знайшов свої старі сани.

**Er kämpfte sich an den anderen Teams vorbei und stand wieder neben Solleks.**

Він пройшов повз інші команди та знову став поруч із Соллексом.

**Als der Fahrer anhielt, um seine Pfeife anzuzünden, nutzte Dave seine letzte Chance.**

Коли водій зупинився, щоб закурити люльку, Дейв скористався останньою нагодою.

**Als der Fahrer zurückkam und schrie, bewegte sich das Team nicht weiter.**

Коли водій повернувся та крикнув, команда не рушила вперед.

**Die Hunde hatten ihre Köpfe gedreht, verwirrt durch den plötzlichen Stopp.**

Собаки повернули голови, збентежені раптовою зупинкою.

**Auch der Fahrer war schockiert – der Schlitten hatte sich keinen Zentimeter vorwärts bewegt.**

Візник теж був шокований — сани не просунулися вперед ні на дюйм.

**Er rief den anderen zu, sie sollten kommen und nachsehen, was passiert sei.**

Він покликав інших, щоб ті підійшли та подивилися, що сталося.

**Dave hatte Solleks' Zügel durchgekaut und beide auseinandergerissen.**

Дейв перегриз віжки Соллекса, розламавши обидві навпіл.

**Nun stand er vor dem Schlitten, wieder an seinem rechtmäßigen Platz.**

Тепер він стояв перед санками, знову на своєму законному місці.

**Dave blickte zum Fahrer auf und flehte ihn stumm an, in der Spur zu bleiben.**

Дейв подивився на водія, мовчки благаючи його не збитися з колії.

**Der Fahrer war verwirrt und wusste nicht, was er für den zappelnden Hund tun sollte.**

Водій був спантеличений, не знаючи, що робити з собакою, яка боролася.

**Die anderen Männer sprachen von Hunden, die beim Rausbringen gestorben waren.**

Інші чоловіки говорили про собак, яких вивели на вулицю.

**Sie erzählten von alten oder verletzten Hunden, denen es das Herz brach, als sie zurückgelassen wurden.**

Вони розповідали про старих або поранених собак, чиї серця розривалися, коли їх залишали без діла.

**Sie waren sich einig, dass es Gnade wäre, Dave sterben zu lassen, während er noch im Geschirr steckte.**

Вони погодилися, що це милосердя — дозволити Дейву померти, поки він ще був у своїй упряжі.

**Er wurde wieder auf dem Schlitten festgeschnallt und Dave zog voller Stolz.**

Його знову прив'язали до саней, і Дейв гордо тягнув.

**Obwohl er manchmal schrie, arbeitete er, als könne man den Schmerz ignorieren.**

Хоча він часом і кричав, він працював так, ніби біль можна було ігнорувати.

**Mehr als einmal fiel er und wurde mitgeschleift, bevor er wieder aufstand.**

Не раз він падав і його тягли, перш ніж знову піднятися.

**Einmal wurde er vom Schlitten überrollt und von diesem Moment an humpelte er.**

Одного разу сани перекинулися через нього, і з того моменту він шкутильгав.

**Trotzdem arbeitete er, bis das Lager erreicht war, und legte sich dann ans Feuer.**

Однак він працював, доки не дістався табору, а потім ліг біля багаття.

**Am Morgen war Dave zu schwach, um zu reisen oder auch nur aufrecht zu stehen.**

До ранку Дейв був надто слабкий, щоб їхати чи навіть стояти прямо.

**Als es Zeit war, das Geschirr anzulegen, versuchte er mit zitternder Anstrengung, seinen Fahrer zu erreichen.**

Коли час був застібатися, він тремтячим зусиллям спробував дотягнутися до свого візника.

**Er rappelte sich auf, taumelte und brach auf dem schneebedeckten Boden zusammen.**

Він з силою підвівся, захитався і впав на засніжену землю.

**Mithilfe seiner Vorderbeine zog er seinen Körper in Richtung des Angeschirrs.**

Використовуючи передні лапи, він потягнув своє тіло до місця для кріплення.

**Zentimeter für Zentimeter schob er sich auf die Arbeitshunde zu.**

Він посувався вперед, дюйм за дюймом, до робочих собак.

**Er verließ die Kraft, aber er machte mit seinem letzten verzweifelten Vorstoß weiter.**

Його сили покинули, але він продовжував рухатися у своєму останньому відчайдушному поштовху.

**Seine Teamkollegen sahen ihn im Schnee nach Luft schnappen und sich immer noch danach sehnen, zu ihnen zu kommen.**

Його товариші по команді бачили, як він задихався на снігу, все ще прагнучи приєднатися до них.

**Sie hörten ihn vor Kummer schreien, als sie das Lager hinter sich ließen.**

Вони чули, як він горько виє, коли залишали табір.

**Als das Team zwischen den Bäumen verschwand, hallte Daves Schrei hinter ihnen wider.**

Коли команда зникла за деревами, крик Дейва луною пролунав позаду них.

**Der Schlittenzug hielt kurz an, nachdem er einen Abschnitt des Flusswalds überquert hatte.**

Санний поїзд ненадовго зупинився після перетину ділянки річкового лісу.

**Der schottische Mischling ging langsam zurück zum Lager dahinter.**

Шотландський метис повільно повертався до табору позаду.

**Die Männer verstummten, als sie ihn den Schlittenzug verlassen sahen.**

Чоловіки замовкли, побачивши, як він виходить із саней.

**Dann ertönte ein einzelner Schuss klar und scharf über den Weg.**

Потім чітко та різко пролунав один постріл по стежці.

**Der Mann kam schnell zurück und nahm wortlos seinen Platz ein.**

Чоловік швидко повернувся і без жодного слова зайняв своє місце.

**Peitschen knallten, Glöckchen bimmelten und die Schlitten rollten durch den Schnee.**

Клацнули батоги, задзвеніли дзвіночки, а сани покотилися по снігу.

**Aber Buck wusste, was passiert war – und alle anderen Hunde auch.**

Але Бак знав, що сталося, — як і всі інші собаки.

## Die Mühen der Zügel und des Trails
Праця віжок і стежки

**Dreißig Tage nach dem Verlassen von Dawson erreichte die Salt Water Mail Skaguay.**
Через тридцять днів після відпливу з Доусона пошта «Солоної води» прибула до Скагуея.

**Buck und seine Teamkollegen gingen in Führung, kamen aber in einem erbärmlichen Zustand an.**
Бак та його товариші по команді вийшли вперед, прибувши на трасу в жалюгідному стані.

**Buck hatte von hundertvierzig auf hundertfünfzehn Pfund abgenommen.**
Бак схуд зі ста сорока до ста п'ятнадцяти фунтів.

**Die anderen Hunde hatten, obwohl kleiner, noch mehr Körpergewicht verloren.**
Інші собаки, хоча й менші, втратили ще більше ваги тіла.

**Pike, einst ein vorgetäuschter Hinker, schleppte nun ein wirklich verletztes Bein hinter sich her.**
Пайк, колись удаваний кульгавець, тепер тягнув за собою справді травмовану ногу.

**Solleks humpelte stark und Dub hatte ein verrenktes Schulterblatt.**
Соллекс сильно кульгав, а в Дуба було вивихнуто лопатку.

**Die Füße aller Hunde im Team waren von den Wochen auf dem gefrorenen Pfad wund.**
У кожного собаки в упряжці ноги боліли від тижнів, проведених на замерзлій стежці.

**Ihre Schritte waren völlig federnd und bewegten sich nur langsam und schleppend.**
У їхніх кроках не залишилося жодної пружності, лише повільний, тягнучий рух.

**Ihre Füße treffen den Weg hart und jeder Schritt belastet ihren Körper stärker.**
Їхні ноги важко вдарялися об стежку, кожен крок додавав більше навантаження на їхні тіла.

**Sie waren nicht krank, sondern nur so erschöpft, dass sie sich auf natürliche Weise nicht mehr erholen konnten.**

Вони не були хворі, лише виснажені до межі будь-якого природного одужання.

**Dies war nicht die Müdigkeit eines harten Tages, die durch eine Nachtruhe geheilt werden konnte.**

Це не була втома від одного важкого дня, яку можна було вилікувати нічним відпочинком.

**Es war eine Erschöpfung, die sich durch monatelange, zermürbende Anstrengungen langsam aufgebaut hatte.**

Це було виснаження, що повільно наростало місяцями виснажливих зусиль.

**Es waren keine Kraftreserven mehr vorhanden, sie hatten alles aufgebraucht, was sie hatten.**

Резервних сил не залишилося — вони використали все, що мали.

**Jeder Muskel, jede Faser und jede Zelle ihres Körpers war erschöpft und abgenutzt.**

Кожен м'яз, волокно та клітина в їхніх тілах були виснажені та зношені.

**Und das hatte seinen Grund: Sie hatten zweitausendfünfhundert Meilen zurückgelegt.**

І на те була причина — вони подолали дві з половиною тисячі миль.

**Auf den letzten zweitausendachthundert Kilometern hatten sie sich nur fünf Tage ausgeruht.**

Вони відпочивали лише п'ять днів протягом останніх вісімнадцятисот миль.

**Als sie Skaguay erreichten, sahen sie aus, als könnten sie kaum aufrecht stehen.**

Коли вони дісталися до Скагуея, то виглядали так, ніби ледве могли триматися на ногах.

**Sie hatten Mühe, die Zügel straff zu halten und vor dem Schlitten zu bleiben.**

Їм було важко тримати віжки міцно та залишатися попереду саней.

Auf abschüssigen Hängen konnten sie nur noch vermeiden, überfahren zu werden.

На схилах вниз їм лише вдавалося уникнути наїзду.

„Weiter, ihr armen, wunden Füße", sagte der Fahrer, während sie weiterhumpelten.

«Вперед, бідні хворі ніжки», — сказав водій, коли вони шкутильгали.

„Das ist die letzte Strecke, danach bekommen wir alle auf jeden Fall noch eine lange Pause."

«Це останній відрізок, а потім ми всі точно зробимо один довгий відпочинок».

„Eine richtig lange Pause", versprach er und sah ihnen nach, wie sie weiter taumelten.

«Один справді довгий відпочинок», — пообіцяв він, спостерігаючи, як вони хитаються вперед.

Die Fahrer rechneten damit, dass sie nun eine lange, notwendige Pause bekommen würden.

Водії очікували, що тепер у них буде довга та необхідна перерва.

Sie hatten zweitausend Meilen zurückgelegt und nur zwei Tage Pause gemacht.

Вони подолали тисячу двісті миль, маючи лише два дні відпочинку.

Sie waren der Meinung, dass sie sich die Zeit zum Entspannen verdient hätten, und das aus fairen und vernünftigen Gründen.

Справедливості заради та розуму, вони вважали, що заслужили час на відпочинок.

Aber zu viele waren zum Klondike gekommen und zu wenige waren zu Hause geblieben.

Але забагато людей прибуло до Клондайку, і замало тих, хто залишився вдома.

Es gingen unzählige Briefe von Familien ein, die zu Bergen verspäteter Post führten.

Листи від родин посипалися потоком, утворюючи купи затриманої пошти.

**Offizielle Anweisungen trafen ein – neue Hudson Bay-Hunde würden die Nachfolge antreten.**

Надійшов офіційний наказ — нові собаки з Гудзонової затоки мали зайняти місце.

**Die erschöpften Hunde, die nun als wertlos galten, sollten entsorgt werden.**

Виснажених собак, яких тепер вважали нікчемними, мали позбутися.

**Da Geld wichtiger war als Hunde, sollten sie billig verkauft werden.**

Оскільки гроші мали більше значення, ніж собак, їх збиралися продавати дешево.

**Drei weitere Tage vergingen, bevor die Hunde spürten, wie schwach sie waren.**

Минуло ще три дні, перш ніж собаки відчули, наскільки вони слабкі.

**Am vierten Morgen kauften zwei Männer aus den Staaten das gesamte Team.**

На четвертий ранок двоє чоловіків зі Штатів купили всю команду.

**Der Verkauf umfasste alle Hunde sowie ihre abgenutzte Geschirrausrüstung.**

У продаж входили всі собаки, а також їхня зношена шлейка.

**Die Männer nannten sich gegenseitig „Hal" und „Charles", als sie den Deal abschlossen.**

Завершуючи угоду, чоловіки називали один одного «Гал» і «Чарльз».

**Charles war mittleren Alters, blass, hatte schlaffe Lippen und wilde Schnurrbartspitzen.**

Чарльз був середнього віку, блідий, з млявими губами та різкими кінчиками вусів.

**Hal war ein junger Mann, vielleicht neunzehn, der einen Patronengürtel trug.**

Гел був молодим чоловіком, можливо, дев'ятнадцяти років, на поясі з патронами.

**Am Gürtel befanden sich ein großer Revolver und ein Jagdmesser, beide unbenutzt.**

На поясі лежали великий револьвер і мисливський ніж, обидва невикористані.

**Es zeigte, wie unerfahren und ungeeignet er für das Leben im Norden war.**

Це показувало, наскільки він був недосвідчений і непридатний для північного життя.

**Keiner der beiden Männer gehörte in die Wildnis; ihre Anwesenheit widersprach jeder Vernunft.**

Жоден з них не мав права жити в дикій природі; їхня присутність кидала виклик будь-якому розумному глузду.

**Buck beobachtete, wie das Geld zwischen Käufer und Makler den Besitzer wechselte.**

Бак спостерігав, як покупець та агент обмінювалися грошима.

**Er wusste, dass die Postzugführer sein Leben wie alle anderen verlassen würden.**

Він знав, що машиністи поштових поїздів залишають його життя, як і всі інші.

**Sie folgten Perrault und François, die nun unwiederbringlich verschwunden waren.**

Вони йшли за Перро та Франсуа, яких уже не було в пам'яті.

**Buck und das Team wurden in das schlampige Lager ihrer neuen Besitzer geführt.**

Бака та команду відвели до неохайного табору їхніх нових власників.

**Das Zelt hing durch, das Geschirr war schmutzig und alles lag in Unordnung.**

Намет прогинався, посуд був брудний, і все лежало в безладді.

**Buck bemerkte dort auch eine Frau – Mercedes, Charles' Frau und Hals Schwester.**

Бак помітив там і жінку — Мерседес, дружину Чарльза та сестру Гела.

**Sie bildeten eine vollständige Familie, obwohl sie alles andere als für den Wanderpfad geeignet waren.**

Вони були повноцінною родиною, хоча й далеко не підходили для цієї стежки.

**Buck beobachtete nervös, wie das Trio begann, die Vorräte einzupacken.**

Бак нервово спостерігав, як трійця почала пакувати припаси.

**Sie arbeiteten hart, aber ohne Ordnung – nur Aufhebens und vergeudete Mühe.**

Вони наполегливо працювали, але без порядку — лише метушня та марні зусилля.

**Das Zelt war zu einer sperrigen Form zusammengerollt und viel zu groß für den Schlitten.**

Намет згорнувся у громіздку форму, занадто великий для саней.

**Schmutziges Geschirr wurde eingepackt, ohne dass es gespült oder getrocknet worden wäre.**

Брудний посуд був упакований, зовсім не помитий і не висушений.

**Mercedes flatterte herum, redete, korrigierte und mischte sich ständig ein.**

Мерседес пурхала навколо, безперервно розмовляючи, виправляючи та втручаючись.

**Als ein Sack vorne platziert wurde, bestand sie darauf, dass er hinten drankam.**

Коли мішок поклали спереду, вона наполягла, щоб його поклали ззаду.

**Sie packte den Sack ganz unten rein und im nächsten Moment brauchte sie ihn.**

Вона сховала мішок на дно, і наступної миті він їй знадобився.

**Also wurde der Schlitten erneut ausgepackt, um an die eine bestimmte Tasche zu gelangen.**

Тож сани знову розпакували, щоб дістатися до однієї конкретної сумки.

In der Nähe standen drei Männer vor einem Zelt und beobachteten die Szene.

Неподалік троє чоловіків стояли біля намету, спостерігаючи за тим, що розгорталося.

Sie lächelten, zwinkerten und grinsten über die offensichtliche Verwirrung der Neuankömmlinge.

Вони посміхалися, підморгували та щиро всміхалися, бачачи очевидне збентеження новачків.

„Sie haben schon eine ziemlich schwere Last", sagte einer der Männer.

«У тебе вже й так досить важкий вантаж», — сказав один із чоловіків.

„Ich glaube nicht, dass Sie das Zelt tragen sollten, aber es ist Ihre Entscheidung."

«Я не думаю, що тобі варто нести цей намет, але це твій вибір».

„Unvorstellbar!", rief Mercedes und warf verzweifelt die Hände in die Luft.

«Неймовірно!» — вигукнула Мерседес, у відчаї змахнувши руками.

„Wie könnte ich ohne Zelt reisen, unter dem ich übernachten kann?"

«Як я взагалі можу подорожувати без намету, під яким можна було б переночувати?»

„Es ist Frühling – Sie werden kein kaltes Wetter mehr erleben", antwortete der Mann.

«Весна — більше ти не побачиш холодів», — відповів чоловік.

Aber sie schüttelte den Kopf und sie stapelten weiterhin Gegenstände auf den Schlitten.

Але вона похитала головою, а вони продовжували складати речі на сани.

Als sie die letzten Dinge hinzufügten, türmte sich die Ladung gefährlich hoch auf.

Вантаж небезпечно піднімався високо, поки вони додавали останні речі.

„Glauben Sie, der Schlitten fährt?", fragte einer der Männer mit skeptischem Blick.

«Думаєш, сани поїдуть?» — скептично спитав один із чоловіків.

„Warum sollte es nicht?", blaffte Charles mit scharfer Verärgerung zurück.

— Чому б і ні? — різко відрізав Чарльз.

„Oh, das ist schon in Ordnung", sagte der Mann schnell und wich seiner Beleidigung aus.

«О, все гаразд», — швидко сказав чоловік, відступаючи від образи.

„Ich habe mich nur gewundert – es sah für mich einfach ein bisschen zu kopflastig aus."

«Я просто хотів подумати — мені здалося, що зверху трохи занадто важко».

Charles drehte sich um und band die Ladung so gut fest, wie er konnte.

Чарльз відвернувся і якнайкраще зав'язав вантаж.

Allerdings waren die Zurrgurte locker und die Verpackung insgesamt schlecht ausgeführt.

Але кріплення були нещільно закріплені, а пакування загалом погано виконане.

„Klar, die Hunde machen das den ganzen Tag", sagte ein anderer Mann sarkastisch.

«Звичайно, собаки тягнутимуть це цілий день», — саркастично сказав інший чоловік.

„Natürlich", antwortete Hal kalt und packte die lange Lenkstange des Schlittens.

«Звичайно», — холодно відповів Гел, схопившись за довгу жердину саней.

Mit einer Hand an der Stange schwang er mit der anderen die Peitsche.

Тримаючись однією рукою за жердинку, він розмахував батогом в іншій.

„Los geht's!", rief er. „Bewegt euch!", und trieb die Hunde zum Aufbruch an.

«Ходімо!» — крикнув він. «Рухайтеся!» — підштовхуючи
собак рушати.

**Die Hunde lehnten sich in das Geschirr und spannten sich
einige Augenblicke lang an.**

Собаки нахилилися до шлейки та напружилися кілька
хвилин.

**Dann blieben sie stehen, da sie den überladenen Schlitten
keinen Zentimeter bewegen konnten.**

Потім вони зупинилися, не в змозі зрушити
перевантажені сани ні на дюйм.

**„Diese faulen Bestien!", schrie Hal und hob die Peitsche, um
sie zu schlagen.**

«Ліниві негідники!» — крикнув Гел, піднімаючи батіг, щоб
ударити їх.

**Doch Mercedes stürzte herein und riss Hal die Peitsche aus
der Hand.**

Але Мерседес кинулася всередину і вихопила батіг з рук
Гела.

**„Oh, Hal, wage es ja nicht, ihnen wehzutun", rief sie
alarmiert.**

«О, Геле, не смій їх ображати!» — стривожено вигукнула
вона.

**„Versprich mir, dass du nett zu ihnen bist, sonst gehe ich
keinen Schritt weiter."**

«Пообіцяй мені, що будеш до них добрим, інакше я не
зроблю ні кроку більше».

**„Du weißt nichts über Hunde", fuhr Hal seine Schwester an.**

«Ти нічого не знаєш про собак», — різко сказав Гел сестрі.

**„Sie sind faul, und die einzige Möglichkeit, sie zu bewegen,
besteht darin, sie zu peitschen."**

«Вони ліниві, і єдиний спосіб їх зрушити з місця — це
відшмагати батогом».

**„Fragen Sie irgendjemanden – fragen Sie einen dieser
Männer dort drüben, wenn Sie mir nicht glauben."**

«Запитай будь-кого… запитай одного з тих чоловіків он
там, якщо сумніваєшся в мені».

**Mercedes sah die Zuschauer mit flehenden, tränennassen Augen an.**

Мерседес подивилася на глядачів благальними, сльозливими очима.

**Ihr Gesicht zeigte, wie sehr sie den Anblick jeglichen Schmerzes hasste.**

Її обличчя показувало, як глибоко вона ненавиділа будь-який біль.

**„Sie sind schwach, das ist alles", sagte ein Mann. „Sie sind erschöpft."**

«Вони слабкі, от і все», — сказав один чоловік. «Вони виснажені».

**„Sie brauchen Ruhe – sie haben zu lange ohne Pause gearbeitet."**

«Їм потрібен відпочинок — вони надто довго працювали без перерви».

**„Der Rest sei verflucht", murmelte Hal mit verzogenen Lippen.**

«Будь проклятий решта», — пробурмотів Гел, скрививши губи.

**Mercedes schnappte nach Luft, sein grobes Wort schmerzte sie sichtlich.**

Мерседес ахнула, явно засмучена його грубим словом.

**Dennoch blieb sie loyal und verteidigte ihren Bruder sofort.**

Однак вона залишилася вірною та одразу стала на захист свого брата.

**„Kümmere dich nicht um den Mann", sagte sie zu Hal. „Das sind unsere Hunde."**

«Не звертай уваги на цього чоловіка», — сказала вона Гелу. «Це наші собаки».

**„Fahren Sie sie, wie Sie es für richtig halten – tun Sie, was Sie für richtig halten."**

«Керуйте ними, як вважаєте за потрібне — робіть те, що вважаєте правильним».

**Hal hob die Peitsche und schlug die Hunde erneut gnadenlos.**

Гел підняв батіг і знову безжалісно вдарив собак.

**Sie stürzten sich nach vorne, die Körper tief gebeugt, die Füße in den Schnee gedrückt.**

Вони кинулися вперед, низько пригнувшись, ногами впиваючись у сніг.

**Sie gaben sich alle Mühe, den Schlitten zu ziehen, aber er bewegte sich nicht.**

Вся їхня сила була спрямована на тягу, але сани не рухалися.

**Der Schlitten blieb wie ein im Schnee festgefrorener Anker stecken.**

Сани застрягли, немов якір, застиглий у утрамбованому снігу.

**Nach einem zweiten Versuch blieben die Hunde wieder stehen und keuchten schwer.**

Після другої спроби собаки знову зупинилися, важко задихаючись.

**Hal hob die Peitsche noch einmal, gerade als Mercedes erneut eingriff.**

Гел знову підняв батіг, якраз коли Мерседес знову втрутилася.

**Sie fiel vor Buck auf die Knie und umarmte seinen Hals.**

Вона опустилася на коліна перед Баком і обійняла його за шию.

**Tränen traten ihr in die Augen, als sie den erschöpften Hund anflehte.**

Сльози наповнили її очі, коли вона благала виснаженого собаку.

**„Ihr Armen", sagte sie, „warum zieht ihr nicht einfach stärker?"**

«Бідолашні ви, любі», — сказала вона, — «чому б вам просто не потягнути сильніше?»

**„Wenn du ziehst, wirst du nicht so ausgepeitscht."**

«Якщо будеш тягнути, то тебе не будуть так шмагати».

**Buck mochte Mercedes nicht, aber er war zu müde, um ihr jetzt zu widerstehen.**

Бак не любив Мерседес, але зараз він був надто втомлений, щоб чинити їй опір.

Er akzeptierte ihre Tränen als einen weiteren Teil dieses elenden Tages.

Він сприйняв її сльози як ще одну частину цього жалюгідного дня.

Einer der zuschauenden Männer ergriff schließlich das Wort, nachdem er seinen Ärger unterdrückt hatte.

Один із чоловіків, що спостерігали, нарешті заговорив, стримавши гнів.

„Es ist mir egal, was mit euch passiert, Leute, aber diese Hunde sind wichtig."

«Мені байдуже, що з вами станеться, але ці собаки мають значення».

„Wenn du helfen willst, mach den Schlitten los – er ist am Schnee festgefroren."

«Якщо хочеш допомогти, відчепи ці сани — вони примерзли до снігу».

„Drücken Sie fest auf die Gee-Stange, rechts und links, und brechen Sie die Eisversiegelung."

«Сильніше натискай на вудку, праворуч і ліворуч, і розіб'єш крижану плівку».

Ein dritter Versuch wurde unternommen, diesmal auf Vorschlag des Mannes.

Було зроблено третю спробу, цього разу за порадою чоловіка.

Hal schaukelte den Schlitten von einer Seite auf die andere und löste so die Kufen.

Гел розгойдував сани з боку в бік, розстібаючи полозки.

Obwohl der Schlitten überladen und unhandlich war, machte er schließlich einen Satz nach vorne.

Сани, хоч і перевантажені та незграбні, нарешті рвонули вперед.

Buck und die anderen zogen wild, angetrieben von einem Sturm aus Schleudertraumen.

Бак та інші шалено тягнули, підганяні шквалом ударів батогом.

Hundert Meter weiter machte der Weg eine Biegung und führte in die Straße hinein.

За сто ярдів попереду стежка вигиналася і спускалася на вулицю.

**Um den Schlitten aufrecht zu halten, hätte es eines erfahrenen Fahrers bedurft.**

Знадобився б досвідчений водій, щоб утримувати сани у вертикальному положенні.

**Hal war nicht geschickt und der Schlitten kippte, als er um die Kurve schwang.**

Гел не був вправним, і сани перекинулися, коли вони різко повернули на повороті.

**Lose Zurrgurte gaben nach und die Hälfte der Ladung ergoss sich auf den Schnee.**

Розхитані мотузки обірвалися, і половина вантажу висипалася на сніг.

**Die Hunde hielten nicht an; der leichtere Schlitten flog auf der Seite weiter.**

Собаки не зупинялися; легші сани летіли набік.

**Wütend über die Beschimpfungen und die schwere Last rannten die Hunde noch schneller.**

Розлючені від знущань та важкого тягаря, собаки побігли швидше.

**Buck rannte wütend los und das Team folgte ihm.**

Бак, розлючений, побіг, а команда йшла позаду.

**Hal rief „Whoa! Whoa!", aber das Team beachtete ihn nicht.**

Гел крикнув «Ого! Ого!», але команда не звернула на нього уваги.

**Er stolperte, fiel und wurde am Geschirr über den Boden geschleift.**

Він спіткнувся, упав, і його потягло по землі за ремінь безпеки.

**Der umgekippte Schlitten wurde über ihn geworfen, als die Hunde weiterrasten.**

Перекинуті сани перекотилися через нього, поки собаки мчали попереду.

**Die restlichen Vorräte verteilten sich über die belebte Straße von Skaguay.**

Решта припасів розкидалася по жвавій вулиці Скагвея.

**Gutherzige Menschen eilten herbei, um die Hunde anzuhalten und die Ausrüstung einzusammeln.**

Добросердечні люди кинулися зупиняти собак та збирати спорядження.

**Sie gaben den neuen Reisenden auch direkte und praktische Ratschläge.**

Вони також давали новим мандрівникам поради, прямі та практичні.

**„Wenn Sie Dawson erreichen wollen, nehmen Sie die halbe Ladung und die doppelte Anzahl an Hunden mit."**

«Якщо хочеш дістатися до Доусона, візьми половину вантажу та вдвічі більше собак».

**Hal, Charles und Mercedes hörten zu, wenn auch nicht mit Begeisterung.**

Гел, Чарльз і Мерседес слухали, хоча й не з ентузіазмом.

**Sie bauten ihr Zelt auf und begannen, ihre Vorräte zu sortieren.**

Вони розбили намет і почали сортувати свої речі.

**Heraus kamen Konserven, die die Zuschauer laut lachen ließen.**

Звідти винесли консерви, що викликало у глядачів сміх.

**„Konserven auf dem Weg? Bevor die schmelzen, verhungern Sie", sagte einer.**

«Консерви на стежці? Ти ж зголоднієш, перш ніж вони розтануть», — сказав один.

**„Hoteldecken? Die wirfst du am besten alle weg."**

«Готельні ковдри? Краще їх усі викинути».

**„Schmeißen Sie auch das Zelt weg, und hier spült niemand mehr Geschirr."**

«Покиньте і намет, і тут ніхто не миє посуд».

**„Sie glauben, Sie fahren in einem Pullman-Zug mit Bediensteten an Bord?"**

«Ти думаєш, що їдеш у потязі Пульмана зі слугами на борту?»

**Der Prozess begann – jeder nutzlose Gegenstand wurde beiseite geworfen.**

Процес почався — кожну непотрібну річ викинули вбік.

Mercedes weinte, als ihre Taschen auf den schneebedeckten Boden geleert wurden.

Мерседес заплакала, коли її валізи висипали на засніжену землю.

Sie schluchzte ohne Pause über jeden einzelnen hinausgeworfenen Gegenstand.

Вона ридала над кожною викинутою річчю, одну за одною без паузи.

Sie schwor, keinen Schritt weiterzugehen – nicht einmal für zehn Charleses.

Вона поклялася не зробити більше ні кроку — навіть за десять Чарльзів.

Sie flehte alle Menschen in ihrer Nähe an, ihr ihre wertvollen Sachen zu überlassen.

Вона благала кожного, хто був поруч, дозволити їй залишити собі її дорогоцінні речі.

Schließlich wischte sie sich die Augen und begann, auch die wichtigsten Kleidungsstücke wegzuwerfen.

Нарешті вона витерла очі й почала викидати навіть найнеобхідніший одяг.

Als sie mit ihrem eigenen fertig war, begann sie, die Vorräte der Männer auszuräumen.

Закінчивши зі своїми, вона почала спорожняти чоловічі припаси.

Wie ein Wirbelwind verwüstete sie die Habseligkeiten von Charles und Hal.

Як вихор, вона пронеслася крізь речі Чарльза та Гела.

Obwohl die Ladung halbiert wurde, war sie immer noch viel schwerer als nötig.

Хоча вантаж зменшили вдвічі, він все одно був набагато важчим, ніж потрібно.

In dieser Nacht gingen Charles und Hal los und kauften sechs neue Hunde.

Тієї ночі Чарльз і Гел пішли і купили шістьох нових собак.

Diese neuen Hunde gesellten sich zu den ursprünglichen sechs, plus Teek und Koona.

Ці нові собаки приєдналися до початкової шістьох, а також до Тіка та Куни.

**Zusammen bildeten sie ein Gespann aus vierzehn Hunden, die vor den Schlitten gespannt wurden.**

Разом вони утворили упряжку з чотирнадцяти собак, запряжених у сани.

**Doch die neuen Hunde waren für die Schlittenarbeit ungeeignet und schlecht ausgebildet.**

Але нові собаки були непридатними та погано навченими для роботи на санях.

**Drei der Hunde waren kurzhaarige Vorstehhunde und einer war ein Neufundländer.**

Троє собак були короткошерстими пойнтерами, а один був ньюфаундлендом.

**Bei den letzten beiden Hunden handelte es sich um Mischlinge ohne eindeutige Rasse oder Zweckbestimmung.**

Останні два собаки були дворнягами без чіткої породи чи призначення.

**Sie haben den Weg nicht verstanden und ihn nicht schnell gelernt.**

Вони не розуміли стежки і не швидко її вивчили.

**Buck und seine Kameraden beobachteten sie mit Verachtung und tiefer Verärgerung.**

Бак та його товариші спостерігали за ними з презирством та глибоким роздратуванням.

**Obwohl Buck ihnen beibrachte, was sie nicht tun sollten, konnte er ihnen keine Pflicht beibringen.**

Хоча Бак і навчив їх, чого не слід робити, він не міг навчити їх обов'язку.

**Sie kamen mit dem Leben auf dem Wanderpfad und dem Ziehen von Zügeln und Schlitten nicht gut zurecht.**

Вони погано переносили їзду по тягарях та тягу віжок і саней.

**Nur die Mischlinge versuchten, sich anzupassen, und selbst ihnen fehlte der Kampfgeist.**

Тільки дворняги намагалися адаптуватися, та й їм бракувало бойового духу.

**Die anderen Hunde waren durch ihr neues Leben verwirrt, geschwächt und gebrochen.**

Інші собаки були розгублені, ослаблені та зламані своїм новим життям.

**Da die neuen Hunde ahnungslos und die alten erschöpft waren, gab es kaum Hoffnung.**

З огляду на те, що нові собаки нічого не знали, а старі були виснажені, надія була ледь помітною.

**Bucks Team hatte zweitausendfünfhundert Meilen eines rauen Pfades zurückgelegt.**

Команда Бака подолала дві з половиною тисячі миль суворою стежкою.

**Dennoch waren die beiden Männer fröhlich und stolz auf ihr großes Hundegespann.**

Тим не менш, двоє чоловіків були веселими та пишалися своєю великою собачою упряжкою.

**Sie dachten, sie würden mit Stil reisen, mit vierzehn Hunden an der Leine.**

Вони думали, що подорожують стильно, з чотирнадцятьма в'язаними собаками.

**Sie hatten gesehen, wie Schlitten nach Dawson aufbrachen und andere von dort ankamen.**

Вони бачили, як сани вирушають до Доусона, а інші прибувають звідти.

**Aber noch nie hatten sie eins gesehen, das von bis zu vierzehn Hunden gezogen wurde.**

Але вони ніколи не бачили, щоб його тягнули аж чотирнадцять собак.

**Es gab einen Grund, warum solche Teams in der arktischen Wildnis selten waren.**

Була причина, чому такі команди були рідкістю в арктичній дикій природі.

**Kein Schlitten konnte genug Futter transportieren, um vierzehn Hunde für die Reise zu versorgen.**

Жодні сани не могли б перевезти достатньо їжі, щоб прогодувати чотирнадцять собак протягом усієї подорожі.

**Aber Charles und Hal wussten das nicht – sie hatten nachgerechnet.**

Але Чарльз і Гел цього не знали — вони самі все підрахували.

**Sie haben das Futter berechnet: so viel pro Hund, so viele Tage, fertig.**

Вони розписали корм: стільки на собаку, стільки днів, готовий.

**Mercedes betrachtete ihre Zahlen und nickte, als ob es Sinn machte.**

Мерседес подивилася на їхні цифри та кивнула, ніби це мало сенс.

**Zumindest auf dem Papier erschien ihr alles sehr einfach.**

Все здавалося їй дуже простим, принаймні на папері.

**Am nächsten Morgen führte Buck das Team langsam die verschneite Straße hinauf.**

Наступного ранку Бак повільно повів команду засніженою вулицею.

**Weder er noch die Hunde hinter ihm hatten Energie oder Tatendrang.**

Ні в ньому, ні в собак позаду нього не було ні енергії, ні духу.

**Sie waren von Anfang an todmüde, es waren keine Reserven mehr vorhanden.**

Вони були смертельно втомлені з самого початку — резерву не залишалося.

**Buck hatte bereits vier Fahrten zwischen Salt Water und Dawson unternommen.**

Бак уже здійснив чотири поїздки між Солт-Вотер та Доусоном.

**Als er nun erneut vor derselben Spur stand, empfand er nichts als Bitterkeit.**

Тепер, знову зіткнувшись із тим самим шляхом, він не відчував нічого, крім гіркоти.

**Er war nicht mit dem Herzen dabei und die anderen Hunde auch nicht.**

Він не був у цьому відданий, як і інші собаки.

**Die neuen Hunde waren schüchtern und den Huskys fehlte jegliches Vertrauen.**

Нові собаки були боязкими, а хаскі не викликали жодної довіри.

**Buck spürte, dass er sich auf diese beiden Männer oder ihre Schwester nicht verlassen konnte.**

Бак відчував, що не може покластися ні на цих двох чоловіків, ні на їхню сестру.

**Sie wussten nichts und zeigten auf dem Weg keine Anzeichen, etwas zu lernen.**

Вони нічого не знали і не виявляли жодних ознак навчання на стежці.

**Sie waren unorganisiert und es fehlte ihnen jeglicher Sinn für Disziplin.**

Вони були неорганізовані та не мали жодної дисципліни.

**Sie brauchten jedes Mal die halbe Nacht, um ein schlampiges Lager aufzubauen.**

Щоразу їм знадобилося півночі, щоб розбити недбалий табір.

**Und den halben nächsten Morgen verbrachten sie wieder damit, am Schlitten herumzufummeln.**

І пів наступного ранку вони знову возилися з санками.

**Gegen Mittag hielten sie oft nur an, um die ungleichmäßige Beladung zu korrigieren.**

До полудня вони часто зупинялися лише для того, щоб виправити нерівномірне навантаження.

**An manchen Tagen legten sie insgesamt weniger als sechzehn Kilometer zurück.**

У деякі дні вони проїжджали загалом менше десяти миль.

**An anderen Tagen schafften sie es überhaupt nicht, das Lager zu verlassen.**

Іншими днями їм взагалі не вдавалося покинути табір.

**Sie kamen nie auch nur annähernd an die geplante Nahrungsdistanz heran.**

Вони так і не наблизилися до подолання запланованої дистанції для перевезення їжі.

**Wie erwartet ging das Futter für die Hunde sehr schnell aus.**

Як і очікувалося, у них дуже швидко закінчилася їжа для собак.

**Sie haben die Sache noch schlimmer gemacht, indem sie in den ersten Tagen zu viel gefüttert haben.**

Вони погіршили ситуацію, перегодовуючи на початку.

**Mit jeder unvorsichtigen Ration rückte der Hungertod näher.**

Це наближало голод з кожною недбалою пайкою.

**Die neuen Hunde hatten nicht gelernt, mit sehr wenig zu überleben.**

Нові собаки не навчилися виживати в мізерних запасах.

**Sie aßen hungrig, ihr Appetit war zu groß für den Weg.**

Вони їли голодно, адже апетит був занадто великий для такої стежки.

**Als Hal sah, wie die Hunde schwächer wurden, glaubte er, dass das Futter nicht ausreichte.**

Бачачи, як собаки слабшають, Гел подумав, що їжі недостатньо.

**Er verdoppelte die Rationen und verschlimmerte damit den Fehler noch.**

Він подвоїв пайки, зробивши помилку ще гіршою.

**Mercedes verschärfte das Problem mit Tränen und leisem Flehen.**

Мерседес посилила проблему сльозами та тихими благаннями.

**Als sie Hal nicht überzeugen konnte, fütterte sie die Hunde heimlich.**

Коли їй не вдалося переконати Гела, вона таємно погодувала собак.

**Sie stahl den Fisch aus den Säcken und gab ihn ihnen hinter seinem Rücken.**

Вона крала з мішків з рибою та віддавала їм за його спиною.

**Doch was die Hunde wirklich brauchten, war nicht mehr Futter, sondern Ruhe.**

Але собакам насправді була потрібна не їжа, а відпочинок.

**Sie kamen nur langsam voran, aber der schwere Schlitten schleppte sich trotzdem weiter.**

Вони йшли погано, але важкі сани все ще тягнулися вперед.

**Allein dieses Gewicht zehrte jeden Tag an ihrer verbleibenden Kraft.**

Сама ця вага щодня висмоктувала з них залишки сил.

**Dann kam es zur Phase der Unterernährung, da die Vorräte zur Neige gingen.**

Потім настав етап недогодовування, оскільки запаси закінчувалися.

**Eines Morgens stellte Hal fest, dass die Hälfte des Hundefutters bereits weg war.**

Одного ранку Гел зрозумів, що половина корму для собак вже зникла.

**Sie hatten nur ein Viertel der gesamten Wegstrecke zurückgelegt.**

Вони подолали лише чверть загальної відстані маршруту.

**Es konnten keine Lebensmittel mehr gekauft werden, egal zu welchem Preis.**

Більше їжі не можна було купити, незалежно від того, яку ціну пропонували.

**Er reduzierte die Portionen der Hunde unter die normale Tagesration.**

Він зменшив порції собак до рівня нижче стандартного добового раціону.

**Gleichzeitig forderte er längere Reisemöglichkeiten, um die Verluste auszugleichen.**

Водночас він вимагав довших поїздок, щоб компенсувати втрати.

**Mercedes und Charles unterstützten diesen Plan, scheiterten jedoch bei der Umsetzung.**

Мерседес і Шарль підтримали цей план, але не змогли його виконати.

**Ihr schwerer Schlitten und ihre mangelnden Fähigkeiten machten ein Vorankommen nahezu unmöglich.**

Їхні важкі сани та брак вправності робили просування майже неможливим.

**Es war einfach, weniger Futter zu geben, aber unmöglich, mehr Anstrengung zu erzwingen.**

Було легко давати менше їжі, але неможливо змусити до більших зусиль.

**Sie konnten weder früher anfangen, noch konnten sie Überstunden machen.**

Вони не могли починати рано, а також не могли подорожувати понаднормово.

**Sie wussten nicht, wie sie mit den Hunden und überhaupt mit sich selbst arbeiten sollten.**

Вони не знали, як працювати з собаками, та й самі, зрештою, не знали.

**Der erste Hund, der starb, war Dub, der unglückliche, aber fleißige Dieb.**

Першим собакою, який помер, був Даб, нещасливий, але працьовитий злодій.

**Obwohl Dub oft bestraft wurde, leistete er ohne zu klagen seinen Beitrag.**

Хоча Даба часто карали, він без нарікань виконував свою роботу.

**Seine Schulterverletzung verschlimmerte sich ohne Pflege und nötige Ruhe.**

Його травмоване плече погіршувалося без догляду та потреби в відпочинку.

**Schließlich beendete Hal mit dem Revolver Dubs Leiden.**

Зрештою, Гел використав револьвер, щоб покласти край стражданням Даба.

**Ein gängiges Sprichwort besagt, dass normale Hunde an der Husky-Ration sterben.**

Поширене прислів'я стверджувало, що звичайні собаки гинуть від пайків хаскі.

**Bucks sechs neue Gefährten bekamen nur die Hälfte des Futteranteils des Huskys.**

Шість нових компаньйонів Бака мали лише половину порції їжі, яку давала хаскі.

**Zuerst starb der Neufundländer, dann die drei kurzhaarigen Vorstehhunde.**

Спочатку помер ньюфаундленд, потім три короткошерсті пойнтери.

**Die beiden Mischlinge hielten länger durch, kamen aber schließlich wie die anderen um.**

Дві дворняги протрималися довше, але зрештою загинули, як і решта.

**Zu diesem Zeitpunkt waren alle Annehmlichkeiten und die Sanftheit des Südens verschwunden.**

На цей час усі зручності та ніжність Півдня вже зникли.

**Die drei Menschen hatten die letzten Spuren ihrer zivilisierten Erziehung abgelegt.**

Ці троє людей позбулися останніх слідів свого цивілізованого виховання.

**Ohne Glamour und Romantik wurde das Reisen in die Arktis zur brutalen Realität.**

Позбавлені гламуру та романтики, арктичні подорожі стали жорстоко реальними.

**Es war eine Realität, die zu hart für ihr Männlichkeits- und Weiblichkeitsgefühl war.**

Це була надто сувора реальність для їхнього почуття мужності та жіночності.

**Mercedes weinte nicht mehr um die Hunde, sondern nur noch um sich selbst.**

Мерседес більше не плакала за собаками, а тепер плакала лише за себе.

**Sie verbrachte ihre Zeit damit, zu weinen und mit Hal und Charles zu streiten.**

Вона проводила час, плакала та сварилася з Гелом та Чарльзом.

**Streiten war das Einzige, wozu sie nie zu müde waren.**

Сварки були єдиною справою, якою вони ніколи не втомлювалися.

**Ihre Gereiztheit rührte vom Elend her, wuchs mit ihm und übertraf es.**

Їхня дратівливість виходила з страждань, зростала разом з ними і перевершувала їх.

**Die Geduld des Weges, die diejenigen kennen, die sich abmühen und freundlich leiden, kam nie.**

Терпіння шляху, відоме тим, хто трудиться і страждає добросердечно, так і не прийшло.

**Diese Geduld, die die Sprache trotz Schmerzen süß hält, war ihnen unbekannt.**

Те терпіння, яке зберігає мову солодкою крізь біль, було їм невідоме.

**Sie besaßen nicht die geringste Spur von Geduld und schöpften keine Kraft aus dem anmutigen Leiden.**

У них не було ні натяку на терпіння, ні сили, почерпнутої зі страждань з благодаттю.

**Sie waren steif vor Schmerz – ihre Muskeln, Knochen und ihr Herz schmerzten.**

Вони були заціпенілі від болю — ломили м'язи, кістки та серце.

**Aus diesem Grund bekamen sie eine scharfe Zunge und waren schnell im Umgang mit harten Worten.**

Через це вони стали гострими на язик і швидкими на грубі слова.

**Jeder Tag begann und endete mit wütenden Stimmen und bitteren Klagen.**

Кожен день починався і закінчувався гнівними голосами та гіркими скаргами.

**Charles und Hal stritten sich, wann immer Mercedes ihnen eine Chance gab.**

Чарльз і Гел сварилися щоразу, коли Мерседес давала їм шанс.

**Jeder Mann glaubte, dass er mehr als seinen gerechten Anteil an der Arbeit geleistet hatte.**

Кожен чоловік вважав, що зробив більше, ніж йому належало.

**Keiner von beiden ließ es sich je entgehen, dies immer wieder zu sagen.**

Жоден з них ніколи не втрачав можливості сказати це знову і знову.

**Manchmal stand Mercedes auf der Seite von Charles, manchmal auf der Seite von Hal.**

Іноді Мерседес була на боці Чарльза, іноді на боці Гела.

**Dies führte zu einem großen und endlosen Streit zwischen den dreien.**

Це призвело до великої та нескінченної сварки між ними трьома.

**Ein Streit darüber, wer Brennholz hacken sollte, geriet außer Kontrolle.**

Суперечка щодо того, хто має рубати дрова, вийшла з-під контролю.

**Bald wurden Väter, Mütter, Cousins und verstorbene Verwandte genannt.**

Невдовзі були названі імена батьків, матерів, двоюрідних братів і сестер та померлих родичів.

**Hal's Ansichten über Kunst oder die Theaterstücke seines Onkels wurden Teil des Kampfes.**

Погляди Гела на мистецтво чи п'єси його дядька стали частиною боротьби.

**Auch Charles' politische Überzeugungen wurden in die Debatte einbezogen.**

Політичні переконання Чарльза також були обговорені.

**Für Mercedes schienen sogar die Gerüchte über die Schwester ihres Mannes relevant zu sein.**

Для Мерседес навіть плітки сестри її чоловіка здавалися актуальними.

**Sie äußerte ihre Meinung dazu und zu vielen Fehlern in Charles' Familie.**

Вона висловила свої думки з цього приводу та з приводу багатьох недоліків родини Чарльза.

**Während sie stritten, blieb das Feuer aus und das Lager war halb fertig.**

Поки вони сперечалися, багаття залишалося нерозпаленим, а табір наполовину згорів.

**In der Zwischenzeit waren die Hunde unterkühlt und hatten nichts zu fressen.**

Тим часом собаки залишалися холодними та без їжі.

**Mercedes hegte einen Groll, den sie als zutiefst persönlich betrachtete.**

Мерседес мала образу, яку вважала глибоко особистою.

**Sie fühlte sich als Frau misshandelt und fühlte sich ihrer Privilegien beraubt.**

Вона відчувала себе жорстоко поводженою як жінка, позбавленою своїх привілеїв у благородній статтю.

**Sie war hübsch und sanft und pflegte ihr ganzes Leben lang ritterliche Gesten.**

Вона була гарненькою та ніжною, і все своє життя звикла до лицарства.

**Doch ihr Mann und ihr Bruder begegneten ihr nun mit Ungeduld.**

Але її чоловік і брат тепер ставилися до неї з нетерпінням.

**Sie hatte die Angewohnheit, sich hilflos zu verhalten, und sie begannen, sich zu beschweren.**

Вона звикла поводитися безпорадно, і вони почали скаржитися.

**Sie war davon beleidigt und machte ihnen das Leben noch schwerer.**

Ображена цим, вона ще більше ускладнила їм життя.

**Sie ignorierte die Hunde und bestand darauf, den Schlitten selbst zu fahren.**

Вона ігнорувала собак і наполягала на тому, щоб сама покататися на санях.

**Obwohl sie von leichter Gestalt war, wog sie fünfundvierzig Kilo.**

Хоча на вигляд вона була легка, важила вона сто двадцять фунтів.

**Diese zusätzliche Belastung war zu viel für die hungernden, schwachen Hunde.**

Цей додатковий тягар був занадто важким для голодних, слабких собак.

**Trotzdem ritt sie tagelang, bis die Hunde in den Zügeln zusammenbrachen.**

І все ж вона їхала кілька днів, аж поки собаки не підкосилися під поводи.

**Der Schlitten stand still und Charles und Hal baten sie, zu laufen.**

Сани зупинилися, а Чарльз і Гел благали її йти пішки.

**Sie flehten und flehten, aber sie weinte und nannte sie grausam.**

Вони благали й благали, але вона плакала та називала їх жорстокими.

**Einmal zogen sie sie mit purer Kraft und Wut vom Schlitten.**

Одного разу вони з силою та гнівом стягнули її з саней.

**Nach dem, was damals passiert ist, haben sie es nie wieder versucht.**

Вони більше ніколи не пробували після того, що сталося тоді.

**Sie wurde schlaff wie ein verwöhntes Kind und setzte sich in den Schnee.**

Вона обм'якла, як розпещена дитина, і сіла на сніг.

**Sie gingen weiter, aber sie weigerte sich aufzustehen oder ihnen zu folgen.**

Вони рушили далі, але вона відмовилася вставати чи йти за ними.

**Nach drei Meilen hielten sie an, kehrten um und trugen sie zurück.**

Через три милі вони зупинилися, повернулися і понесли її назад.

**Sie luden sie wieder auf den Schlitten, wobei sie erneut rohe Gewalt anwandten.**

Вони знову завантажили її на сани, знову використовуючи грубу силу.

**In ihrem tiefen Elend zeigten sie gegenüber dem Leid der Hunde keine Skrupel.**

У своєму глибокому стражданні вони були байдужі до страждань собак.

**Hal glaubte, man müsse sich abhärten und zwang anderen diesen Glauben auf.**

Гел вважав, що треба загартуватися, і нав'язував цю віру іншим.

**Er versuchte zunächst, seiner Schwester seine Philosophie zu predigen**

Спочатку він спробував проповідувати свою філософію сестрі

**und dann predigte er erfolglos seinem Schwager.**

а потім, безуспішно, він проповідував своєму зятю.

**Bei den Hunden hatte er mehr Erfolg, aber nur, weil er ihnen weh tat.**

Він мав більше успіху з собаками, але лише тому, що завдавав їм болю.

**Bei Five Fingers ist das Hundefutter komplett ausgegangen.**

У «П'яти Пальцях» корм для собак повністю закінчився.

**Eine zahnlose alte Squaw verkaufte ein paar Pfund gefrorenes Pferdeleder**

Беззуба стара індіанка продала кілька фунтів замороженої кінської шкіри

**Hal tauschte seinen Revolver gegen das getrocknete Pferdefell.**

Гел обміняв свій револьвер на висушену кінську шкуру.

**Das Fleisch stammte von den Pferden der Viehzüchter, die Monate zuvor verhungert waren.**

М'ясо було отримано від зголоднілих коней скотарів кілька місяців тому.

**Gefroren war die Haut wie verzinktes Eisen: zäh und ungenießbar.**

Замерзла шкіра була схожа на оцинковане залізо; жорстка та неїстівна.

**Die Hunde mussten endlos auf dem Fell herumkauen, um es zu fressen.**

Собакам доводилося нескінченно гризти шкуру, щоб з'їсти її.

**Doch die ledrigen Fäden und das kurze Haar waren kaum Nahrung.**

Але шкірясті пасма та коротке волосся навряд чи можна було назвати їжею.

**Das Fell war größtenteils irritierend und kein echtes Nahrungsmittel.**

Більша частина шкури була дратівливою і не була їжею в справжньому сенсі.

**Und während all dem taumelte Buck vorne herum, wie in einem Albtraum.**

І крізь усе це Бак хитався попереду, немов у кошмарі.

**Er zog, wenn er dazu in der Lage war; wenn nicht, blieb er liegen, bis er mit einer Peitsche oder einem Knüppel hochgehoben wurde.**

Він тягнув, коли міг; коли ні, лежав, поки батіг чи палиця не піднімали його.

**Sein feines, glänzendes Fell hatte jegliche Steifheit und jeglichen Glanz verloren, den es einst hatte.**

Його чудова, блискуча шерсть втратила всю колишню жорсткість і блиск.

**Sein Haar hing schlaff herunter, war zerzaust und mit getrocknetem Blut von den Schlägen verklebt.**

Його волосся висіло скуйовджене, скуйовджене та згорнуте від засохлої крові від ударів.

**Seine Muskeln schrumpften zu Sehnen und seine Fleischpolster waren völlig abgenutzt.**

Його м'язи стиснулися, перетворюючись на тяжі, а шкіра стерлася.

**Jede Rippe, jeder Knochen war deutlich durch die Falten der runzligen Haut zu sehen.**

Кожне ребро, кожна кістка чітко проглядали крізь складки зморшкуватої шкіри.

**Es war herzzerreißend, doch Bucks Herz konnte nicht brechen.**

Це було роздираюче, але серце Бака не могло розбитися.

**Der Mann im roten Pullover hatte das getestet und vor langer Zeit bewiesen.**

Чоловік у червоному светрі давно це перевірив і довів.

**So wie es bei Buck war, war es auch bei allen seinen übrigen Teamkollegen.**

Як і з Баком, так само було і з усіма його рештою товаришів по команді.

**Insgesamt waren es sieben, jeder einzelne ein wandelndes Skelett des Elends.**

Їх було семеро, кожен з яких був ходячим скелетом страждань.

**Sie waren gegenüber den Peitschenhieben taub geworden und spürten nur noch entfernten Schmerz.**

Вони заніміли від ударів батогом, відчуваючи лише віддалений біль.

**Sogar Bild und Ton erreichten sie nur schwach, wie durch dichten Nebel.**

Навіть зір і звук доносилися до них ледь чутно, ніби крізь густий туман.

**Sie waren nicht halb lebendig – es waren Knochen mit schwachen Funken darin.**

Вони не були наполовину живими — це були кістки з тьмяними іскрами всередині.

**Als sie angehalten wurden, brachen sie wie Leichen zusammen, ihre Funken waren fast erloschen.**

Коли їх зупинили, вони розвалилися, як трупи, їхні іскри майже згасли.

**Und als die Peitsche oder der Knüppel erneut zuschlug, sprühten schwache Funken.**

А коли батіг чи палиця вдаряли знову, іскри слабо тріпотіли.

**Dann erhoben sie sich, taumelten vorwärts und schleiften ihre Gliedmaßen vor sich her.**

Потім вони підвелися, похитуючись посунулися вперед і потягнули вперед свої кінцівки.

**Eines Tages stürzte der nette Billee und konnte überhaupt nicht mehr aufstehen.**

Одного разу добра Біллі впала і вже зовсім не змогла підвестися.

**Hal hatte seinen Revolver eingetauscht und benutzte stattdessen eine Axt, um Billee zu töten.**

Гел обміняв свій револьвер, тому замість цього вбив Біллі сокирою.

**Er schlug ihm auf den Kopf, schnitt dann seinen Körper los und schleifte ihn weg.**

Він ударив його по голові, потім розрубав його тіло та відтягнув його геть.

**Buck sah dies und die anderen auch; sie wussten, dass der Tod nahe war.**

Бак побачив це, як і інші; вони знали, що смерть близько.

**Am nächsten Tag ging Koona und ließ nur fünf Hunde im hungernden Team zurück.**

Наступного дня Куна пішов, залишивши лише п'ятьох собак у голодній упряжці.

**Joe war nicht länger gemein, sondern zu weit weg, um überhaupt noch viel mitzubekommen.**

Джо, вже не злий, був надто злий, щоб взагалі щось усвідомлювати.

**Pike täuschte seine Verletzung nicht länger vor und war kaum bei Bewusstsein.**

Пайк, більше не вдаючи своєї травми, був ледве притомний.

**Solleks, der immer noch treu war, beklagte, dass er nicht mehr die Kraft hatte, etwas zu geben.**

Соллекс, все ще вірний, сумував, що не мав сили віддати.

**Teek wurde am häufigsten geschlagen, weil er frischer war, aber schnell nachließ.**

Тіка найбільше побили, бо він був свіжішим, але швидко втрачав свою силу.

**Und Buck, der immer noch in Führung lag, sorgte nicht länger für Ordnung und setzte sie auch nicht durch.**

А Бак, все ще лідируючи, більше не підтримував порядок і не забезпечував його дотримання.

**Halb blind vor Schwäche folgte Buck der Spur nur nach Gefühl.**

Напівсліпий від слабкості, Бек йшов слідом, керуючись лише навмання.

**Es war schönes Frühlingswetter, aber keiner von ihnen bemerkte es.**

Була чудова весняна погода, але ніхто з них цього не помітив.

**Jeden Tag ging die Sonne früher auf und später unter als zuvor.**

Щодня сонце сходило раніше і сідало пізніше, ніж раніше.

**Um drei Uhr morgens dämmerte es, die Dämmerung dauerte bis neun Uhr.**

О третій годині ранку настав світанок; сутінки тривали до дев'ятої.

**Die langen Tage waren erfüllt von der vollen Strahlkraft des Frühlingssonnenscheins.**

Довгі дні були наповнені яскравим весняним сонцем.

**Die gespenstische Stille des Winters hatte sich in ein warmes Murmeln verwandelt.**

Примарна тиша зими змінилася теплим шепотом.

**Das ganze Land erwachte und war erfüllt von der Freude am Leben.**

Вся земля прокидалася, ожила радістю живих істот.

**Das Geräusch kam von etwas, das den Winter über tot und reglos dagelegen hatte.**

Звук долинав з того, що лежало мертвим і нерухомим протягом зими.

**Jetzt bewegten sich diese Dinger wieder und schüttelten den langen Frostschlaf ab.**

Тепер ці істоти знову заворушилися, струшуючи з себе довгий морозний сон.

**Saft stieg durch die dunklen Stämme der wartenden Kiefern.**

Сік піднімався крізь темні стовбури сосен, що чекали.

**An jedem Zweig von Weiden und Espen treiben leuchtende junge Knospen aus.**

Верби та осики пускають яскраві молоді бруньки на кожній гілочці.

**Sträucher und Weinreben erstrahlten in frischem Grün, als der Wald zum Leben erwachte.**

Чагарники та ліани зазеленіли, коли ліс ожив.

**Nachts zirpten Grillen und in der Sonne krabbelten Käfer.**

Вночі цвірінькали цвіркуни, а на денному сонці повзали комахи.

**Rebhühner dröhnten und Spechte klopften tief in den Bäumen.**

Куріпки гуділи, а дятли стукали глибоко в деревах.

**Eichhörnchen schnatterten, Vögel sangen und Gänse schnatterten über den Hunden.**

Білки цурічали, птахи співали, а гуси гавкали над собаками.

**Das Wildgeflügel kam in scharfen Keilen und flog aus dem Süden heran.**

Дикі птахи злітали гострими зграями з півдня.

**Von jedem Hügel ertönte die Musik verborgener, rauschender Bäche.**

З кожного схилу пагорба долинала музика прихованих, гуркотливих струмків.

**Alles taute auf, brach, bog sich und geriet wieder in Bewegung.**

Все розтануло, клацнуло, зігнулося та знову вибухнуло рухом.

**Der Yukon bemühte sich, die Kälteketten des gefrorenen Eises zu durchbrechen.**

Юкон напружувався, щоб розірвати холодні ланцюги замерзлого льоду.

**Das Eis schmolz von unten, während die Sonne es von oben zum Schmelzen brachte.**

Лід танув знизу, а сонце розтоплювало його зверху.

**Luftlöcher öffneten sich, Risse breiteten sich aus und Brocken fielen in den Fluss.**

Відкрилися вентиляційні отвори, поширилися тріщини, і шматки падали в річку.

**Inmitten dieses pulsierenden und lodernden Lebens taumelten die Reisenden.**

Серед усього цього вируючого та палкого життя мандрівники хиталися.

**Zwei Männer, eine Frau und ein Rudel Huskys liefen wie die Toten.**

Двоє чоловіків, жінка та зграя хаскі йшли, як мертві.

**Die Hunde fielen, Mercedes weinte, fuhr aber immer noch Schlitten.**

Собаки падали, Мерседес плакала, але все ще їхала на санях.

**Hal fluchte schwach und Charles blinzelte mit tränenden Augen.**

Гел слабо вилаявся, а Чарльз кліпнув сльозячими очима.

**Sie stolperten in John Thorntons Lager an der Mündung des White River.**

Вони натрапили на табір Джона Торнтона біля гирла річки Вайт-Рівер.

**Als sie anhielten, fielen die Hunde flach um, als wären sie alle tot.**

Коли вони зупинилися, собаки впали ниць, ніби всі загинули.

**Mercedes wischte sich die Tränen ab und sah zu John Thornton hinüber.**

Мерседес витерла сльози й подивилася на Джона Торнтона.

**Charles saß langsam und steif auf einem Baumstamm, mit Schmerzen vom Weg.**

Чарльз сидів на колоді, повільно та напружено, відчуваючи біль від стежки.

**Hal redete, während Thornton das Ende eines Axtstiels schnitzte.**

Гел говорив, поки Торнтон вирізав кінець ручки сокири.

**Er schnitzte Birkenholz und antwortete mit kurzen, bestimmten Antworten.**

Він стругав березові дрова та відповідав короткими, твердими словами.

**Wenn man ihn fragte, gab er Ratschläge, war sich jedoch sicher, dass diese nicht befolgt würden.**

Коли його запитали, він дав пораду, будучи певним, що її не виконають.

**Hal erklärte: „Sie sagten uns, dass das Eis auf dem Weg schmelzen würde."**

Гел пояснив: «Вони сказали нам, що лід на стежці тане».

**„Sie sagten, wir sollten bleiben, wo wir waren – aber wir haben es bis nach White River geschafft."**

«Вони сказали, що нам слід залишатися на місці, але ми дісталися до Вайт-Рівер».

**Er schloss mit höhnischem Ton, als wolle er einen Sieg in der Not für sich beanspruchen.**

Він закінчив глузливим тоном, ніби проголошуючи перемогу у скрутному становищі.

**„Und sie haben dir die Wahrheit gesagt", antwortete John Thornton Hal ruhig.**

— І вони сказали тобі правду, — тихо відповів Джон Торнтон Гелу.

**„Das Eis kann jeden Moment nachgeben – es ist kurz davor, abzufallen."**

«Лід може будь-якої миті розвалитися — він готовий відвалитися».

**„Nur durch blindes Glück und ein paar Narren wäre es möglich gewesen, lebend so weit zu kommen."**

«Тільки сліпа удача та дурні могли дожити так далеко живими».

**„Ich sage es Ihnen ganz offen: Ich würde mein Leben nicht für alles Gold Alaskas riskieren."**

«Кажу вам прямо, я б не ризикнув своїм життям за все золото Аляски».

**„Das liegt wohl daran, dass Sie kein Narr sind", antwortete Hal.**

«Мабуть, це тому, що ти не дурень», – відповів Гел.

**„Trotzdem fahren wir weiter nach Dawson." Er rollte seine Peitsche ab.**

«Усе одно, ми поїдемо до Доусона». Він розгорнув батіг.

**„Komm rauf, Buck! Hallo! Steh auf! Los!", rief er barsch.**

«Лезь нагору, Баку! Гей! Вставай! Давай!» — різко крикнув він.

**Thornton schnitzte weiter, wohl wissend, dass Narren nicht auf Vernunft hören.**

Торнтон продовжував різьбити, знаючи, що дурні не почують розумних доводів.

**Einen Narren aufzuhalten war sinnlos – und zwei oder drei Narren änderten nichts.**

Зупиняти дурня було марно, а двоє чи троє обдурених нічого не змінили.

**Doch als das Team Hal's Befehl hörte, bewegte es sich nicht.**

Але команда не ворухнулася на звук команди Гела.

**Jetzt konnten sie nur noch durch Schläge wieder auf die Beine kommen und weiterkommen.**

Тепер лише удари могли змусити їх піднятися та рушити вперед.

**Immer wieder knallte die Peitsche über die geschwächten Hunde.**

Батіг знову і знову клацав по ослаблених собаках.

**John Thornton presste die Lippen fest zusammen und sah schweigend zu.**

Джон Торнтон міцно стиснув губи і мовчки спостерігав.

**Solleks war der Erste, der unter der Peitsche auf die Beine kam.**

Соллекс першим підвівся на ноги під батогом.

**Dann folgte Teek zitternd. Joe schrie auf, als er stolperte.**

Потім Тік пішов, тремтячи. Джо скрикнув, спіткнувшись і піднявшись.

**Pike versuchte aufzustehen, scheiterte zweimal und stand schließlich unsicher da.**

Пайк спробував підвестися, двічі невдало, а потім нарешті невпевнено стояв.

**Aber Buck blieb liegen, wo er hingefallen war, und bewegte sich dieses Mal überhaupt nicht.**

Але Бак лежав там, де впав, цього разу зовсім не рухаючись.

**Die Peitsche schlug immer wieder auf ihn ein, aber er gab keinen Laut von sich.**

Батіг шмагав його знову і знову, але він не видав жодного звуку.

**Er zuckte nicht zusammen und wehrte sich nicht, sondern blieb einfach still und ruhig.**

Він не здригнувся і не чинив опору, просто залишався нерухомим і тихим.

**Thornton rührte sich mehr als einmal, als wolle er etwas sagen, tat es aber nicht.**

Торнтон кілька разів ворухнувся, ніби хотів щось сказати, але промовчав.

**Seine Augen wurden feucht und immer noch knallte die Peitsche gegen Buck.**

Його очі намокли, а батіг все ще клацав по Баку.

**Schließlich begann Thornton langsam auf und ab zu gehen, unsicher, was er tun sollte.**

Нарешті Торнтон почав повільно ходити туди-сюди, не знаючи, що робити.

**Es war das erste Mal, dass Buck versagt hatte, und Hal wurde wütend.**

Це був перший раз, коли Бак зазнав невдачі, і Гел розлютився.

**Er warf die Peitsche weg und nahm stattdessen die schwere Keule.**

Він кинув батіг і замість нього підняв важку палицю.

**Der Holzknüppel schlug hart auf, aber Buck stand immer noch nicht auf, um sich zu bewegen.**

Дерев'яна палиця сильно вдарила, але Бак все ще не підвівся, щоб поворухнутися.

**Wie seine Teamkollegen war er zu schwach – aber mehr als das.**

Як і його товариші по команді, він був надто слабким, але більше того.

**Buck hatte beschlossen, sich nicht zu bewegen, egal was als Nächstes passieren würde.**

Бак вирішив не рухатися, що б не сталося далі.

**Er spürte, wie etwas Dunkles und Bestimmtes direkt vor ihm schwebte.**

Він відчув щось темне й певне, що маячило прямо попереду.

**Diese Angst hatte ihn ergriffen, sobald er das Flussufer erreicht hatte.**

Цей жах охопив його, щойно він дістався берега річки.

**Dieses Gefühl hatte ihn nicht verlassen, seit er das Eis unter seinen Pfoten dünner werden fühlte.**

Це відчуття не покидало його відтоді, як він відчув тонкий лід під лапами.

**Etwas Schreckliches wartete – er spürte es gleich weiter unten auf dem Weg.**

Щось жахливе чекало на нього — він відчував це вже десь унизу стежки.

**Er würde nicht auf das Schreckliche vor ihm zugehen**

Він не збирався йти назустріч тій жахливій істоті попереду.

**Er würde keinem Befehl gehorchen, der ihn zu diesem Ding führte.**

Він не збирався виконувати жодного наказу, який би привів його туди.

**Der Schmerz der Schläge war für ihn kaum noch spürbar, er war zu weit weg.**

Біль від ударів майже не торкався його — він був надто знесилений.

**Der Funke des Lebens flackerte schwach und erlosch unter jedem grausamen Schlag.**

Іскра життя ледь мерехтіла, тьмяніла під кожним жорстоким ударом.

**Seine Glieder fühlten sich fremd an, sein ganzer Körper schien einem anderen zu gehören.**

Його кінцівки здавалися далекими; все його тіло ніби належало комусь іншому.

**Er spürte eine seltsame Taubheit, als der Schmerz vollständig nachließ.**

Він відчув дивне оніміння, коли біль повністю зник.

**Aus der Ferne spürte er, dass er geschlagen wurde, aber er wusste es kaum.**

Здалеку він відчував, що його б'ють, але ледве усвідомлював це.

**Er konnte die Schläge schwach hören, aber sie taten nicht mehr wirklich weh.**

Він ледь чув глухі удари, але вони вже не завдавали йому справжнього болю.

**Die Schläge trafen, aber sein Körper schien nicht mehr sein eigener zu sein.**

Удари сильні, але його тіло вже не здавалося його власним.

**Dann stieß John Thornton plötzlich und ohne Vorwarnung einen wilden Schrei aus.**

Раптом, без попередження, Джон Торнтон дико скрикнув.

**Es war unartikuliert, eher der Schrei eines Tieres als eines Menschen.**

Це було нерозбірливо, радше крик звіра, ніж людини.

**Er sprang mit der Keule auf den Mann zu und stieß Hal nach hinten.**

Він стрибнув на чоловіка з кийком і відкинув Гела назад.

**Hal flog, als wäre er von einem Baum getroffen worden, und landete hart auf dem Boden.**

Гел полетів, ніби його вдарило дерево, і міцно приземлився на землю.

**Mercedes schrie laut vor Panik und umklammerte ihr Gesicht.**

Мерседес голосно закричала в паніці та схопилася за обличчя.

**Charles sah nur zu, wischte sich die Augen und blieb sitzen.**

Чарльз лише спостерігав, витираючи очі та залишаючись сидіти.

**Sein Körper war vor Schmerzen zu steif, um aufzustehen oder beim Kampf mitzuhelfen.**

Його тіло було надто заціпенілим від болю, щоб підвестися чи допомогти в боротьбі.

**Thornton stand über Buck, zitterte vor Wut und konnte nicht sprechen.**

Торнтон стояв над Баком, тремтячи від люті, не в змозі говорити.

**Er zitterte vor Wut und kämpfte darum, trotz allem seine Stimme wiederzufinden.**

Він тремтів від люті й намагався крізь неї вимовити голос.

**„Wenn du den Hund noch einmal schlägst, bringe ich dich um", sagte er schließlich.**

«Якщо ти ще раз удариш цього собаку, я тебе вб'ю», — нарешті сказав він.

**Hal wischte sich das Blut aus dem Mund und kam wieder nach vorne.**

Гел витер кров з рота і знову підійшов до нього.

**„Es ist mein Hund", murmelte er. „Geh mir aus dem Weg, sonst kriege ich dich wieder in Ordnung."**

«Це мій собака», — пробурмотів він. «Забирайся з дороги, бо я тебе виправлю».

**„Ich gehe nach Dawson und Sie halten mich nicht auf", fügte er hinzu.**

«Я їду до Доусона, і ти мене не зупиниш», – додав він.

**Thornton stand fest zwischen Buck und dem wütenden jungen Mann.**

Торнтон міцно стояв між Баком і розгніваним юнаком.

**Er hatte nicht die Absicht, zur Seite zu treten oder Hal vorbeizulassen.**

Він не мав наміру відступати вбік чи пропускати Гела.

**Hal zog sein Jagdmesser heraus, das lang und gefährlich in der Hand lag.**

Гел витягнув свій мисливський ніж, довгий і небезпечний у руці.

**Mercedes schrie, dann weinte sie und lachte dann in wilder Hysterie.**

Мерседес кричала, потім плакала, а потім істерично сміялася.

**Thornton schlug mit dem Axtstiel hart und schnell auf Hals Hand.**

Торнтон сильно та швидко вдарив Гела по руці держаком сокири.

**Das Messer wurde aus Hals Griff gerissen und flog zu Boden.**

Ніж випав з рук Гела та полетів на землю.

**Hal versuchte, das Messer aufzuheben, und Thornton klopfte erneut auf seine Fingerknöchel.**

Гел спробував підняти ніж, і Торнтон знову постукав кісточками пальців.

**Dann bückte sich Thornton, griff nach dem Messer und hielt es fest.**

Тоді Торнтон нахилився, схопив ніж і тримав його.

**Mit zwei schnellen Hieben des Axtstiels zerschnitt er Bucks Zügel.**

Двома швидкими ударами ручки сокири він перерізав Бакові віжки.

**Hal hatte keine Kraft mehr, sich zu wehren, und trat von dem Hund zurück.**

Гел не мав жодних сил чинити опір і відступив від собаки.

**Außerdem brauchte Mercedes jetzt beide Arme, um aufrecht zu bleiben.**

Крім того, Мерседес тепер потрібні були обидві руки, щоб триматися на ногах.

**Buck war dem Tod zu nahe, um noch einmal einen Schlitten ziehen zu können.**

Бак був надто близький до смерті, щоб знову бути корисним для тяги санок.

**Ein paar Minuten später legten sie ab und fuhren flussabwärts.**

Через кілька хвилин вони вирушили, прямуючи вниз по річці.

**Buck hob schwach den Kopf und sah ihnen nach, wie sie die Bank verließen.**

Бак слабо підняв голову й спостерігав, як вони виходять з банку.

**Pike führte das Team an, mit Solleks am Ende des Feldes.**

Пайк очолив команду, а Соллекс був позаду на позиції кермового.

**Joe und Teek gingen dazwischen, beide humpelten vor Erschöpfung.**

Джо та Тік йшли між ними, обидва кульгаючи від виснаження.

**Mercedes saß auf dem Schlitten und Hal hielt die lange Lenkstange fest.**

Мерседес сиділа на санях, а Гел міцно тримався за довгу жердину.

**Charles stolperte hinterher, seine Schritte waren unbeholfen und unsicher.**

Шарль спіткнувся позаду, його кроки були незграбними та невпевненими.

**Thornton kniete neben Buck und tastete vorsichtig nach gebrochenen Knochen.**

Торнтон став навколішки біля Бака й обережно намацав переломи.

**Seine Hände waren rau, bewegten sich aber mit Freundlichkeit und Sorgfalt.**

Його руки були шорсткі, але рухалися з добротою та турботою.

**Bucks Körper wies Blutergüsse auf, wies jedoch keine bleibenden Verletzungen auf.**

Тіло Бака було в синцях, але тривалих травм не було.

**Zurück blieben schrecklicher Hunger und nahezu völlige Schwäche.**

Залишилися лише жахливий голод і майже повна слабкість.

**Als dies klar wurde, war der Schlitten bereits weit flussabwärts gefahren.**

Поки це прояснилося, сани вже далеко зайшли вниз за річкою.

**Mann und Hund sahen zu, wie der Schlitten langsam über das knackende Eis kroch.**

Чоловік і собака спостерігали, як сани повільно повзуть по тріскаючому льоду.

**Dann sahen sie, wie der Schlitten in eine Mulde sank.**

Потім вони побачили, як сани опускаються в улоговину.

**Die Gee-Stange flog in die Höhe, und Hal klammerte sich immer noch vergeblich daran fest.**

Вудка злетіла вгору, а Гел марно за неї чіплявся.

**Mercedes' Schrei erreichte sie über die kalte Ferne.**

Крик Мерседес долинув до них крізь холодну відстань.

**Charles drehte sich um und trat zurück – aber er war zu spät.**

Чарльз обернувся і відступив назад, але було вже надто пізно.

**Eine ganze Eisdecke brach nach und sie alle fielen hindurch.**

Цілий льодовиковий щит провалився, і всі вони провалилися крізь нього.

**Hunde, Schlitten und Menschen verschwanden im schwarzen Wasser darunter.**

Собаки, сани та люди зникли у чорній воді внизу.

**An der Stelle, an der sie vorbeigekommen waren, war nur ein breites Loch im Eis zurückgeblieben.**

Там, де вони пройшли, залишилася лише широка діра в льоду.

**Der Boden des Pfades war nach unten abgesunken – genau wie Thornton gewarnt hatte.**

Підошва стежки обвалилася — саме так, як і попередив Торнтон.

**Thornton und Buck sahen sich einen Moment lang schweigend an.**

Торнтон і Бак подивилися одне на одного, на мить мовчки.

**„Du armer Teufel", sagte Thornton leise und Buck leckte ihm die Hand.**

«Бідолашний ти», — тихо сказав Торнтон, і Бак облизав йому руку.

## Aus Liebe zu einem Mann
Заради любові до чоловіка

**John Thornton erfror in der Kälte des vergangenen Dezembers seine Füße.**

Джон Торнтон відморозив ноги в холод попереднього грудня.

**Seine Partner machten es ihm bequem und ließen ihn allein genesen.**

Його партнери влаштували йому комфортно та залишили його відновлюватися самого.

**Sie fuhren den Fluss hinauf, um ein Floß mit Sägestämmen für Dawson zu holen.**

Вони піднялися вгору по річці, щоб назбирати пліт пилорам для Доусона.

**Er humpelte noch leicht, als er Buck vor dem Tod rettete.**

Він все ще трохи кульгав, коли врятував Бака від смерті.

**Aber bei anhaltend warmem Wetter verschwand sogar dieses Hinken.**

Але з появою теплої погоди навіть ця кульгавість зникла.

**Buck ruhte sich an langen Frühlingstagen am Flussufer aus.**

Лежачи на березі річки протягом довгих весняних днів, Бак відпочивав.

**Er beobachtete das fließende Wasser und lauschte den Vögeln und Insekten.**

Він спостерігав за течією води та слухав спів птахів і комах.

**Langsam erlangte Buck unter Sonne und Himmel seine Kraft zurück.**

Повільно Бак відновлював сили під сонцем і небом.

**Nach einer Reise von dreitausend Meilen war eine Pause ein wunderbares Gefühl.**

Відпочинок був чудовим після подорожі трьома тисячами миль.

**Buck wurde träge, als seine Wunden heilten und sein Körper an Gewicht zunahm.**

Бак став лінивим, коли його рани загоїлися, а тіло наповнилося.

**Seine Muskeln wurden fester und das Fleisch bedeckte wieder seine Knochen.**

Його м'язи стали міцнішими, а плоть знову покрила його кістки.

**Sie ruhten sich alle aus – Buck, Thornton, Skeet und Nig.**

Всі вони відпочивали — Бак, Торнтон, Скіт і Ніг.

**Sie warteten auf das Floß, das sie nach Dawson bringen sollte.**

Вони чекали на пліт, який мав доставити їх до Доусона.

**Skeet war ein kleiner Irish Setter, der sich mit Buck anfreundete.**

Скіт був маленьким ірландським сетером, який потоваришував з Баком.

**Buck war zu schwach und krank, um ihr bei ihrem ersten Treffen Widerstand zu leisten.**

Бак був надто слабкий і хворий, щоб чинити їй опір під час їхньої першої зустрічі.

**Skeet hatte die Heilereigenschaft, die manche Hunde von Natur aus besitzen.**

Скіт мав рису цілителя, яку деякі собаки мають від природи.

**Wie eine Katzenmutter leckte und reinigte sie Bucks offene Wunden.**

Як мама-кішка, вона облизувала та очищала свіжі рани Бака.

**Jeden Morgen nach dem Frühstück wiederholte sie ihre sorgfältige Arbeit.**

Щоранку після сніданку вона повторювала свою ретельну роботу.

**Buck erwartete ihre Hilfe ebenso sehr wie die von Thornton.**

Бак очікував її допомоги так само, як і Торнтонової.

**Nig war auch freundlich, aber weniger offen und weniger liebevoll.**

Ніг теж був дружелюбним, але менш відкритим і менш ласкавим.

**Nig war ein großer schwarzer Hund, halb Bluthund, halb Hirschhund.**

Ніг був великим чорним собакою, частково бладхаундом, частково дирхаундом.

**Er hatte lachende Augen und eine unendlich gute Seele.**

У нього були усміхнені очі та безмежна доброта в душі.

**Zu Bucks Überraschung zeigte keiner der Hunde Eifersucht ihm gegenüber.**

На подив Бака, жоден з собак не виявляв до нього ревнощів.

**Sowohl Skeet als auch Nig erfuhren die Freundlichkeit von John Thornton.**

І Скіт, і Ніг поділяли доброту Джона Торнтона.

**Als Buck stärker wurde, verleiteten sie ihn zu albernen Hundespielen.**

Коли Бак зміцнів, вони заманили його в дурні собачі ігри.

**Auch Thornton spielte oft mit ihnen und konnte ihrer Freude nicht widerstehen.**

Торнтон також часто грався з ними, не в змозі встояти перед їхньою радістю.

**Auf diese spielerische Weise gelang Buck der Übergang von der Krankheit in ein neues Leben.**

У такий грайливий спосіб Бак перейшов від хвороби до нового життя.

**Endlich hatte er Liebe gefunden – wahre, brennende und leidenschaftliche Liebe.**

Кохання — справжнє, палке й пристрасне кохання — нарешті було його.

**Auf Millers Anwesen hatte er diese Art von Liebe nie erlebt.**

Він ніколи не знав такого кохання в маєтку Міллера.

**Mit den Söhnen des Richters hatte er Arbeit und Abenteuer geteilt.**

З синами судді він ділив роботу та пригоди.

**Bei den Enkeln sah er steifen und prahlerischen Stolz.**

У онуків він бачив закляклу та хвалькувату гординю.

**Mit Richter Miller selbst verband ihn eine respektvolle Freundschaft.**

З самим суддею Міллером у нього були шанобливі дружні стосунки.

**Doch mit Thornton kam eine Liebe, die Feuer, Wahnsinn und Anbetung war.**

Але кохання, яке було вогнем, божевіллям і поклонінням, прийшло з Торнтоном.

**Dieser Mann hatte Bucks Leben gerettet, und das allein bedeutete sehr viel.**

Цей чоловік врятував Баку життя, і це вже одне багато значило.

**Aber darüber hinaus war John Thornton der ideale Meistertyp.**

Але більше того, Джон Торнтон був ідеальним майстром.

**Andere Männer kümmerten sich aus Pflichtgefühl oder geschäftlicher Notwendigkeit um Hunde.**

Інші чоловіки доглядали за собаками з обов'язку або через ділову необхідність.

**John Thornton kümmerte sich um seine Hunde, als wären sie seine Kinder.**

Джон Торнтон піклувався про своїх собак, ніби вони були його дітьми.

**Er kümmerte sich um sie, weil er sie liebte und einfach nicht anders konnte.**

Він піклувався про них, бо любив їх і просто нічого не міг з цим вдіяти.

**John Thornton sah sogar weiter, als die meisten Menschen jemals sehen konnten.**

Джон Торнтон бачив навіть далі, ніж більшість людей коли-небудь вдавалося побачити.

**Er vergaß nie, sie freundlich zu grüßen oder ein aufmunterndes Wort zu sagen.**

Він ніколи не забував привітно їх привітати чи сказати підбадьорливе слово.

**Er liebte es, mit den Hunden zusammenzusitzen und lange zu reden, oder, wie er sagte, „gasy".**

Він любив довго розмовляти з собаками, або, як він казав, «задихатися».

**Er packte Bucks Kopf gern grob zwischen seinen starken Händen.**

Йому подобалося грубо хапати Бака за голову своїми сильними руками.

**Dann lehnte er seinen Kopf an Bucks und schüttelte ihn sanft.**

Потім він притулив свою голову до Бакової й легенько його похитав.

**Die ganze Zeit über beschimpfte er Buck mit unhöflichen Namen, die für ihn Liebe bedeuteten.**

Весь цей час він обзивал Бака грубими словами, що означало для Бака любов.

**Buck bereiteten diese grobe Umarmung und diese Worte große Freude.**

Баку ці грубі обійми та ці слова принесли глибоку радість.

**Sein Herz schien bei jeder Bewegung vor Glück zu beben.**

Здавалося, що його серце тріпотіло від щастя з кожним рухом.

**Als er anschließend aufsprang, sah sein Mund aus, als würde er lachen.**

Коли він потім схопився, його рот виглядав так, ніби він сміявся.

**Seine Augen leuchteten hell und seine Kehle zitterte vor unausgesprochener Freude.**

Його очі яскраво сяяли, а горло тремтіло від невимовної радості.

**Sein Lächeln blieb in diesem Zustand der Ergriffenheit und glühenden Zuneigung stehen.**

Його посмішка завмерла в цьому стані емоцій та сяючої прихильності.

**Dann rief Thornton nachdenklich aus: „Gott! Er kann fast sprechen!"**

Тоді Торнтон задумливо вигукнув: «Боже! Він майже може говорити!»

**Buck hatte eine seltsame Art, Liebe auszudrücken, die beinahe Schmerzen verursachte.**

У Бака була дивна манера висловлювати кохання, яка мало не завдавала болю.

**Er umklammerte Thorntons Hand oft sehr fest mit seinen Zähnen.**

Він часто міцно стискав руку Торнтона зубами.

**Der Biss würde tiefe Spuren hinterlassen, die noch einige Zeit blieben.**

Укус мав залишити глибокі сліди, які залишалися на деякий час після цього.

**Buck glaubte, dass diese Eide Liebe waren, und Thornton wusste das auch.**

Бак вірив, що ці клятви — це кохання, і Торнтон знав те саме.

**Meistens zeigte sich Bucks Liebe in stiller, fast stummer Verehrung.**

Найчастіше кохання Бака проявлялося в тихому, майже мовчазному обожнюванні.

**Obwohl er sich freute, wenn man ihn berührte oder ansprach, suchte er nicht nach Aufmerksamkeit.**

Хоча він був у захваті від дотику чи розмови з ним, він не шукав уваги.

**Skeet schob ihre Nase unter Thorntons Hand, bis er sie streichelte.**

Скіт тицьнула носом під руку Торнтона, аж поки він не погладив її.

**Nig kam leise herbei und legte seinen großen Kopf auf Thorntons Knie.**

Ніг тихо підійшов і поклав свою велику голову на коліна Торнтона.

**Buck hingegen war zufrieden damit, aus respektvoller Distanz zu lieben.**

Бак, навпаки, був задоволений тим, що кохав з шанобливої відстані.

**Er lag stundenlang zu Thorntons Füßen, wachsam und aufmerksam beobachtend.**

Він годинами лежав біля ніг Торнтона, пильно спостерігаючи.

**Buck studierte jedes Detail des Gesichts seines Herrn und jede kleinste Bewegung.**

Бак вивчав кожну деталь обличчя свого господаря та його найменший рух.

**Oder er blieb weiter weg liegen und betrachtete schweigend die Gestalt des Mannes.**

Або лежав далі, мовчки вивчаючи постать чоловіка.

**Buck beobachtete jede kleine Bewegung, jede Veränderung seiner Haltung oder Geste.**

Бак спостерігав за кожним найменшим рухом, кожною зміною пози чи жесту.

**Diese Verbindung war so stark, dass sie Thorntons Blick oft auf sich zog.**

Цей зв'язок був настільки сильним, що часто привертав до себе погляд Торнтона.

**Er begegnete Bucks Blick ohne Worte, Liebe schimmerte deutlich hindurch.**

Він зустрівся поглядом з Баком без слів, крізь який чітко сяяло кохання.

**Nach seiner Rettung ließ Buck Thornton lange Zeit nicht aus den Augen.**

Протягом довгого часу після порятунку Бак не випускав Торнтона з поля зору.

**Immer wenn Thornton das Zelt verließ, folgte Buck ihm dicht auf den Fersen.**

Щоразу, коли Торнтон виходив з намету, Бак уважно йшов за ним надвір.

**All die strengen Herren im Nordland hatten Buck Angst gemacht, zu vertrauen.**

Усі суворі господарі на Півночі змусили Бака боятися довіряти.

**Er befürchtete, dass kein Mann länger als kurze Zeit sein Herr bleiben könnte.**

Він боявся, що ніхто не зможе залишатися його господарем довше короткого часу.

**Er befürchtete, dass John Thornton wie Perrault und François verschwinden würde.**

Він боявся, що Джон Торнтон зникне, як Перро та Франсуа.

**Sogar nachts quälte die Angst, ihn zu verlieren, Buck mit unruhigem Schlaf.**

Навіть вночі страх втратити його переслідував Бака у неспокійному сні.

**Als Buck aufwachte, kroch er in die Kälte hinaus und ging zum Zelt.**

Коли Бак прокинувся, він виповз на холод і пішов до намету.

**Er lauschte aufmerksam auf das leise Geräusch des Atmens in seinem Inneren.**

Він уважно прислухався до тихого внутрішнього дихання.

**Trotz Bucks tiefer Liebe zu John Thornton blieb die Wildnis am Leben.**

Незважаючи на глибоку любов Бака до Джона Торнтона, дика природа залишилася живою.

**Dieser im Norden erwachte primitive Instinkt ist nicht verschwunden.**

Той первісний інстинкт, пробуджений на Півночі, не зник.

**Liebe brachte Hingabe, Treue und die warme Verbundenheit des Kaminfeuers.**

Кохання принесло відданість, вірність та теплий зв'язок біля каміна.

**Aber Buck behielt auch seine wilden Instinkte, scharf und stets wachsam.**

Але Бак також зберігав свої дикі інстинкти, гострі та завжди пильні.

**Er war nicht nur ein gezähmtes Haustier aus den sanften Ländern der Zivilisation.**

Він був не просто прирученим домашнім улюбленцем з м'яких земель цивілізації.

**Buck war ein wildes Wesen, das hereingekommen war, um an Thorntons Feuer zu sitzen.**

Бак був дикуном, який зайшов посидіти біля вогню в Торнтона.

**Er sah aus wie ein Südlandhund, aber in ihm lebte Wildheit.**

Він був схожий на собаку з Саутленду, але всередині нього жила дика природа.

**Seine Liebe zu Thornton war zu groß, um zuzulassen, dass er den Mann bestohlen hätte.**

Його любов до Торнтона була надто великою, щоб дозволити йому обкрасти його.

**Aber in jedem anderen Lager würde er dreist und ohne Pause stehlen.**

Але в будь-якому іншому таборі він би крав сміливо та без зупинки.

**Er war beim Stehlen so geschickt, dass ihn niemand erwischen oder beschuldigen konnte.**

Він був настільки спритним у крадіжці, що ніхто не міг його спіймати чи звинуватити.

**Sein Gesicht und sein Körper waren mit Narben aus vielen vergangenen Kämpfen übersät.**

Його обличчя та тіло були вкриті шрамами від численних минулих боїв.

**Buck kämpfte immer noch erbittert, aber jetzt kämpfte er mit mehr List.**

Бак все ще люто бився, але тепер він бився з більшою хитрістю.

**Skeet und Nig waren zu sanft, um zu kämpfen, und sie gehörten Thornton.**

Скіт і Ніг були надто ніжні, щоб битися, і вони належали Торнтону.

**Aber jeder fremde Hund, egal wie stark oder mutig, wich zurück.**

Але будь-який дивний собака, яким би сильним чи хоробрим він не був, поступався дорогою.

**Ansonsten kämpfte der Hund gegen Buck und um sein Leben.**

Інакше собака опинився в боротьбі з Баком; боровся за своє життя.

**Buck kannte keine Gnade, wenn er sich entschied, gegen einen anderen Hund zu kämpfen.**

Бак не мав милосердя, коли вирішив битися з іншим собакою.

**Er hatte das Gesetz der Keule und des Reißzahns im Nordland gut gelernt.**

Він добре вивчив закон палиці та ікла на Півночі.

**Er gab nie einen Vorteil auf und wich nie einer Schlacht aus.**

Він ніколи не втрачав переваги і ніколи не відступав від битви.

**Er hatte Spitz und die wildesten Post- und Polizeihunde studiert.**

Він вивчав Шпіца та найлютіших собак пошти та поліції.

**Er wusste genau, dass es im wilden Kampf keinen Mittelweg gab.**

Він чітко знав, що в дикій сутичці немає золотої середини.

**Er musste herrschen oder beherrscht werden; Gnade zu zeigen, hieße, Schwäche zu zeigen.**

Він мусив правити або бути керованим; виявляти милосердя означало виявляти слабкість.

**In der rauen und brutalen Welt des Überlebens kannte man keine Gnade.**

Милосердя було невідоме у сирому та жорстокому світі виживання.

**Gnade zu zeigen wurde als Angst angesehen und Angst führte schnell zum Tod.**

Вияв милосердя сприймався як страх, а страх швидко вів до смерті.

**Das alte Gesetz war einfach: töten oder getötet werden, essen oder gefressen werden.**

Старий закон був простий: вбий або будеш убитий, з'їж або будеш з'їдений.

**Dieses Gesetz stammte aus längst vergangenen Zeiten und Buck befolgte es vollständig.**

Той закон прийшов з глибин часів, і Бак дотримувався його неухильно.

**Buck war älter als sein Alter und die Anzahl seiner Atemzüge.**

Бак був старший за свої роки та кількість вдихів, які він робив.

**Er verband die ferne Vergangenheit klar mit der Gegenwart.**

Він чітко пов'язав давнє минуле з сучасним моментом.

**Die tiefen Rhythmen der Zeitalter bewegten sich durch ihn wie die Gezeiten.**

Глибокі ритми віків пронизували його, немов припливи та відпливи.

**Die Zeit pulsierte in seinem Blut so sicher, wie die Jahreszeiten die Erde bewegen.**

Час пульсував у його крові так само впевнено, як пори року рухають землю.

**Er saß mit starker Brust und weißen Reißzähnen an Thorntons Feuer.**

Він сидів біля вогню в Торнтона, міцногрудий та з білими іклами.

**Sein langes Fell wehte, aber hinter ihm beobachteten ihn die Geister wilder Hunde.**

Його довге хутро майоріло, але позаду нього спостерігали духи диких собак.

**Halbwölfe und Vollwölfe regten sich in seinem Herzen und seinen Sinnen.**

Напіввовки та справжні вовки ворушилися в його серці та почуттях.

**Sie probierten sein Fleisch und tranken dasselbe Wasser wie er.**

Вони скуштували його м'ясо та випили ту саму воду, що й він.

**Sie schnupperten neben ihm den Wind und lauschten dem Wald.**

Вони нюхали вітер поруч із ним і слухали ліс.

**Sie flüsterten die Bedeutung der wilden Geräusche in der Dunkelheit.**

Вони шепотіли значення диких звуків у темряві.

**Sie prägten seine Stimmungen und leiteten jede seiner stillen Reaktionen.**

Вони формували його настрій і керували кожною з його тихих реакцій.

**Sie lagen bei ihm, während er schlief, und wurden Teil seiner tiefen Träume.**

Вони лежали з ним, коли він спав, і ставали частиною його глибоких снів.

**Sie träumten mit ihm, über ihn hinaus und bildeten seinen Geist.**

Вони мріяли разом з ним, перевершуючи його, і складали саму його душу.

**Die Geister der Wildnis riefen so stark, dass Buck sich hingezogen fühlte.**

Духи дикої природи кликали так сильно, що Бак відчув потяг.

**Mit jedem Tag wurden die Menschheit und ihre Ansprüche in Bucks Herzen schwächer.**

З кожним днем людство та його претензії слабшали в серці Бака.

**Tief im Wald würde ein seltsamer und aufregender Ruf erklingen.**

Глибоко в лісі мав пролунати дивний і хвилюючий поклик.

**Jedes Mal, wenn er den Ruf hörte, verspürte Buck einen Drang, dem er nicht widerstehen konnte.**

Щоразу, коли Бак чув цей дзвінок, він відчував непереборне бажання.

**Er wollte sich vom Feuer und den ausgetretenen menschlichen Pfaden abwenden.**

Він збирався відвернутися від вогню та зникнути з второваних людських стежок.

**Er wollte in den Wald eintauchen und weitergehen, ohne zu wissen, warum.**

Він збирався пірнути в ліс, рухаючись уперед, не знаючи чому.

**Er hinterfragte diese Anziehungskraft nicht, denn der Ruf war tief und kraftvoll.**

Він не сумнівався в цьому потягу, бо поклик був глибоким і потужним.

**Oft erreichte er den grünen Schatten und die weiche, unberührte Erde**

Часто він досягав зеленої тіні та м'якої недоторканої землі

**Doch dann zog ihn die große Liebe zu John Thornton zurück zum Feuer.**

Але потім сильне кохання до Джона Торнтона знову потягнуло його до вогню.

**Nur John Thornton hatte Bucks wildes Herz wirklich in seiner Gewalt.**

Тільки Джон Торнтон по-справжньому тримав у своїх обіймах дике серце Бака.

**Der Rest der Menschheit hatte für Buck keinen bleibenden Wert oder keine bleibende Bedeutung.**

Решта людства не мала для Бака жодної тривалої цінності чи сенсу.

**Fremde könnten ihn loben oder ihm mit freundlichen Händen über das Fell streicheln.**

Незнайомці можуть хвалити його або дружньо гладити його хутро.

**Buck blieb ungerührt und ging vor lauter Zuneigung davon.**

Бак залишився незворушним і пішов геть від надмірної ласки.

**Hans und Pete kamen mit dem lange erwarteten Floß**

Ганс і Піт прибули з плотом, якого так довго чекали.

**Buck ignorierte sie, bis er erfuhr, dass sie sich in der Nähe von Thornton befanden.**

Бак ігнорував їх, доки не дізнався, що вони близько до Торнтона.

**Danach tolerierte er sie, zeigte ihnen jedoch nie seine volle Zuneigung.**

Після цього він терпів їх, але ніколи не виявляв до них повної теплоти.

**Er nahm Essen oder Freundlichkeiten von ihnen an, als täte er ihnen einen Gefallen.**

Він брав від них їжу чи ласкаві послуги, ніби роблячи їм послугу.

**Sie waren wie Thornton – einfach, ehrlich und klar im Denken.**

Вони були схожі на Торнтона — прості, чесні та з ясними думками.

**Gemeinsam reisten sie zu Dawsons Sägewerk und dem großen Wirbel**

Усі разом вони вирушили до лісопилки Доусона та до великого виру.

**Auf ihrer Reise lernten sie Bucks Wesen tiefgründig kennen.**

Під час своєї подорожі вони навчилися глибоко розуміти природу Бака.

**Sie versuchten nicht, sich näherzukommen, wie es Skeet und Nig getan hatten.**

Вони не намагалися зблизитися, як це зробили Скіт та Ніг.

**Doch Bucks Liebe zu John Thornton wurde mit der Zeit immer stärker.**

Але любов Бака до Джона Торнтона з часом лише поглиблювалася.

**Nur Thornton könnte Buck im Sommer eine Last auf die Schultern laden.**

Тільки Торнтон міг покласти клуню на спину Бака влітку.

**Was auch immer Thornton befahl, Buck war bereit, es uneingeschränkt zu tun.**

Що б не наказав Торнтон, Бак був готовий виконати сповна.

**Eines Tages, nachdem sie Dawson in Richtung der Quellgewässer des Tanana verlassen hatten,**

Одного дня, після того як вони вирушили з Доусона до верхів'їв Танани,

**die Gruppe saß auf einer Klippe, die dreihundert Fuß bis zum nackten Fels abfiel.**

Група сиділа на скелі, що спускалася на три фути до голої скелі.

**John Thornton saß nahe der Kante und Buck ruhte sich neben ihm aus.**

Джон Торнтон сидів біля краю, а Бак відпочивав поруч із ним.

**Thornton hatte plötzlich eine Idee und rief die Männer auf sich aufmerksam.**

Торнтона раптом осяяла думка, і він звернув увагу чоловіків.

**Er deutete über den Abgrund und gab Buck einen einzigen Befehl.**

Він показав через прірву і дав Баку одну команду.

**„Spring, Buck!", sagte er und schwang seinen Arm über den Abgrund.**

«Стрибай, Баку!» — сказав він, простягаючи руку через обрив.

**Einen Moment später musste er Buck packen, der sofort lossprang, um zu gehorchen.**

За мить йому довелося схопити Бака, який кинувся слухатися.

**Hans und Pete eilten nach vorne und zogen beide in Sicherheit.**

Ганс і Піт кинулися вперед і відтягли обох назад у безпечне місце.

**Nachdem alles vorbei war und sie wieder zu Atem gekommen waren, ergriff Pete das Wort.**

Після того, як усе закінчилося, і вони перевели подих, Піт заговорив.

**„Die Liebe ist unheimlich", sagte er, erschüttert von der wilden Hingabe des Hundes.**

«Це кохання неймовірне», — сказав він, вражений палкою відданістю собаки.

**Thornton schüttelte den Kopf und antwortete mit ruhiger Ernsthaftigkeit.**

Торнтон похитав головою та відповів зі спокійною серйозністю.

**„Nein, die Liebe ist großartig", sagte er, „aber auch schrecklich."**

«Ні, кохання чудове, — сказав він, — але водночас жахливе».

**„Manchmal, das muss ich zugeben, macht mir diese Art von Liebe Angst."**

«Іноді, мушу визнати, таке кохання мене лякає».

**Pete nickte und sagte: „Ich möchte nicht der Mann sein, der dich berührt."**

Піт кивнув і сказав: «Я б не хотів бути тим чоловіком, який тебе торкнеться».

**Er sah Buck beim Sprechen ernst und voller Respekt an.**

Говорячи, він дивився на Бака серйозно та сповнено поваги.

**„Py Jingo!", sagte Hans schnell. „Ich auch nicht, nein, Sir."**

— Пі Джинго! — швидко сказав Ганс. — Я теж, ні, сер.


**Noch vor Jahresende wurden Petes Befürchtungen in Circle City wahr.**

Ще до кінця року побоювання Піта справдилися в Серкл-Сіті.

**Ein grausamer Mann namens Black Burton hat in der Bar eine Schlägerei angezettelt.**

Жорстокий чоловік на ім'я Блек Бертон влаштував бійку в барі.

**Er war wütend und bösartig und ging auf einen Neuling los.**

Він був розлючений і злісний, накинувшись на нового новачка.

**John Thornton schritt ein, ruhig und gutmütig wie immer.**

Джон Торнтон увійшов у гру, спокійний і добродушний, як завжди.

**Buck lag mit gesenktem Kopf in einer Ecke und beobachtete Thornton aufmerksam.**

Бак лежав у кутку, опустивши голову, уважно спостерігаючи за Торнтоном.

**Burton schlug plötzlich zu und sein Schlag ließ Thornton herumwirbeln.**

Бертон раптово завдав удару, від якого Торнтона аж обернулося.

**Nur die Stangenreling verhinderte, dass er hart auf den Boden stürzte.**

Лише поручні перекладини врятували його від сильного падіння на землю.

**Die Beobachter hörten ein Geräusch, das weder Bellen noch Jaulen war**

Спостерігачі почули звук, який не був гавкотом чи вереском

**Ein tiefes Brüllen kam von Buck, als er auf den Mann zustürzte.**

Бак видав глибокий рев, кидаючись до чоловіка.

**Burton riss seinen Arm hoch und rettete nur knapp sein eigenes Leben.**

Бертон підняв руку і ледве врятував власне життя.

**Buck prallte gegen ihn und warf ihn flach auf den Boden.**

Бак врізався в нього, збивши його на підлогу.

**Buck biss tief in den Arm des Mannes und stürzte sich dann auf die Kehle.**

Бак глибоко вкусив чоловіка за руку, а потім кинувся до горла.

**Burton konnte den Angriff nur teilweise blocken und sein Hals wurde aufgerissen.**

Бертон зміг лише частково заблокувати м'яч, і його шия була розірвана.

**Männer stürmten mit erhobenen Knüppeln herein und vertrieben Buck von dem blutenden Mann.**

Чоловіки кинулися всередину з піднятими кийками та відігнали Бака від стікаючих кров'ю людей.

**Ein Chirurg arbeitete schnell, um den Blutausfluss zu stoppen.**

Хірург швидко взявся за справу, щоб зупинити витік крові.

**Buck ging auf und ab und knurrte, während er immer wieder versuchte anzugreifen.**

Бак ходив туди-сюди та гарчав, намагаючись атакувати знову і знову.

**Nur schwingende Knüppel hielten ihn davon ab, Burton zu erreichen.**

Тільки розгойдування кийків завадило йому дістатися до Бертона.

**Eine Bergarbeiterversammlung wurde einberufen und noch vor Ort abgehalten.**

Збори шахтарів були скликані та проведені прямо на місці.

**Sie waren sich einig, dass Buck provoziert worden war, und stimmten für seine Freilassung.**

Вони погодилися, що Бака спровокували, і проголосували за його звільнення.

**Doch Bucks wilder Name hallte nun durch jedes Lager in Alaska.**

Але люте ім'я Бака тепер лунуло в кожному таборі Аляски.

**Später im Herbst rettete Buck Thornton erneut auf eine neue Art und Weise.**

Пізніше тієї ж осені Бак знову врятував Торнтона новим способом.

**Die drei Männer steuerten ein langes Boot durch wilde Stromschnellen.**

Троє чоловіків вели довгий човен бурхливими порогами.

**Thornton steuerte das Boot und rief Anweisungen zur Küste.**

Торнтон керував човном, вигукуючи вказівки щодо шляху до берегової лінії.

**Hans und Pete rannten an Land und hielten sich an einem Seil fest, das sie von Baum zu Baum führte.**

Ганс і Піт бігли по суші, тримаючи мотузку, перетягнуту від дерева до дерева.

**Buck hielt am Ufer Schritt und behielt seinen Herrn immer im Auge.**

Бак не відставав від берега, незмінно спостерігаючи за своїм господарем.

**An einer ungünstigen Stelle ragten Felsen aus dem schnellen Wasser hervor.**

В одному неприємному місці скелі стирчали з-під швидкої води.

**Hans ließ das Seil los und Thornton steuerte das Boot weit.**

Ганс відпустив мотузку, і Торнтон широко спрямував човен.

**Hans sprintete, um das Boot an den gefährlichen Felsen vorbei wieder zu erreichen.**

Ганс побіг, щоб знову наздогнати човен, пропливши за небезпечні скелі.

**Das Boot passierte den Felsvorsprung, geriet jedoch in eine stärkere Strömung.**

Човен обійшов виступ, але вдарився об сильнішу частину течії.

**Hans griff zu schnell nach dem Seil und brachte das Boot aus dem Gleichgewicht.**

Ганс занадто швидко схопив мотузку і вибив човен з рівноваги.

**Das Boot kenterte und prallte mit dem Hinterteil nach oben gegen das Ufer.**

Човен перекинувся і вдарився об берег днищем догори дном.

**Thornton wurde hinausgeworfen und in den wildesten Teil des Wassers geschwemmt.**

Торнтона викинуло на берег і змило в найбурхливішу частину води.

**Kein Schwimmer hätte in diesen tödlichen, reißenden Gewässern überleben können.**

Жоден плавець не зміг би вижити в цих смертельних, швидкісних водах.

**Buck sprang sofort hinein und jagte seinen Herrn den Fluss hinunter.**

Бак миттєво стрибнув і погнався за своїм господарем униз по річці.

**Nach dreihundert Metern erreichte er endlich Thornton.**

Через триста ярдів він нарешті дістався Торнтона.

**Thornton packte Buck am Schwanz und Buck drehte sich zum Ufer um.**

Торнтон схопив Бака за хвіст, і Бек повернув до берега.

**Er schwamm mit voller Kraft und kämpfte gegen den wilden Sog des Wassers an.**

Він плив щосили, борючись із шаленим опором води.

**Sie bewegten sich schneller flussabwärts, als sie das Ufer erreichen konnten.**

Вони рухалися за течією швидше, ніж могли дістатися до берега.

**Vor ihnen toste der Fluss immer lauter und stürzte in tödliche Stromschnellen.**

Попереду річка ревела голосніше, впадаючи у смертельні пороги.

**Felsen schnitten durch das Wasser wie die Zähne eines riesigen Kamms.**

Камені розсікали воду, немов зубці величезного гребінця.

**Die Anziehungskraft des Wassers in der Nähe des Tropfens war wild und unausweichlich.**

Потяг води біля краю був шаленим і неминучим.

**Thornton wusste, dass sie das Ufer nie rechtzeitig erreichen würden.**

Торнтон знав, що вони ніколи не зможуть вчасно дістатися берега.

**Er schrammte über einen Felsen, zerschmetterte einen zweiten,**

Він шкрябав об один камінь, розбивався об другий,

**Und dann prallte er gegen einen dritten Felsen, den er mit beiden Händen festhielt.**

А потім він врізався в третій камінь, схопившись за нього обома руками.

**Er ließ Buck los und übertönte das Gebrüll: „Los, Buck! Los!"**

Він відпустив Бака й крикнув крізь рев: «Вперед, Баку! Вперед!»

**Buck konnte sich nicht über Wasser halten und wurde von der Strömung mitgerissen.**

Бак не зміг втриматися на плаву і його знесло течією.

**Er kämpfte hart und versuchte, sich umzudrehen, kam aber überhaupt nicht voran.**

Він щосили боровся, намагаючись повернутись, але зовсім не просунувся вперед.

**Dann hörte er, wie Thornton den Befehl über das Tosen des Flusses hinweg wiederholte.**

Потім він почув, як Торнтон повторив команду крізь рев річки.

**Buck erhob sich aus dem Wasser und hob den Kopf, als wolle er einen letzten Blick werfen.**

Бак виринув з води, підняв голову, ніби востаннє глянувши.

**dann drehte er sich um und gehorchte und schwamm entschlossen auf das Ufer zu.**

потім повернувся і послухався, рішуче попливши до берега.

**Pete und Hans zogen ihn im letzten Moment an Land.**

Піт і Ганс витягли його на берег в останню мить.

**Sie wussten, dass Thornton sich nur noch wenige Minuten am Felsen festklammern konnte.**

Вони знали, що Торнтон зможе триматися за скелю лише кілька хвилин.

**Sie rannten das Ufer hinauf zu einer Stelle weit oberhalb der Stelle, an der er hing.**

Вони побігли берегом до місця високо над тим місцем, де він висів.

**Sie befestigten die Bootsleine sorgfältig an Bucks Hals und Schultern.**

Вони обережно прив'язали човенну мотузку до шиї та плечей Бака.

**Das Seil saß eng, war aber locker genug zum Atmen und für Bewegung.**

Мотузка була щільно прилягаючою, але достатньо вільною для дихання та руху.

**Dann warfen sie ihn erneut in den reißenden, tödlichen Fluss.**

Потім вони знову скинули його у стрімку, смертельну річку.

**Buck schwamm mutig, verpasste jedoch seinen Winkel in die Kraft des Stroms.**

Бак сміливо плив, але не потрапив під свій кут у сильну течію.

**Er sah zu spät, dass er an Thornton vorbeiziehen würde.**

Він надто пізно зрозумів, що проїде повз Торнтона.

**Hans riss das Seil fest, als wäre Buck ein kenterndes Boot.**

Ганс смикнув мотузку, ніби Бак був човном, що перекидається.

**Die Strömung zog ihn nach unten und er verschwand unter der Oberfläche.**

Течія потягнула його під воду, і він зник під поверхнею.

**Sein Körper schlug gegen das Ufer, bevor Hans und Pete ihn herauszogen.**

Його тіло вдарилося об берег, перш ніж Ганс і Піт витягли його.

**Er war halb ertrunken und sie haben das Wasser aus ihm herausgeprügelt.**

Він наполовину потонув, і вони викачали з нього воду.

**Buck stand auf, taumelte und brach erneut auf dem Boden zusammen.**

Бак підвівся, похитнувся і знову впав на землю.

**Dann hörten sie Thorntons Stimme, die schwach vom Wind getragen wurde.**

Потім вони почули голос Торнтона, ледь чутний вітром.

**Obwohl die Worte undeutlich waren, wussten sie, dass er dem Tode nahe war.**

Хоча слова були незрозумілими, вони знали, що він близький до смерті.

**Der Klang von Thorntons Stimme traf Buck wie ein elektrischer Schlag.**

Звук голосу Торнтона вдарив Бака, немов електричний розряд.

**Er sprang auf, rannte das Ufer hinauf und kehrte zum Startpunkt zurück.**

Він схопився та побіг угору по берегу, повертаючись до місця старту.

**Wieder banden sie Buck das Seil fest und wieder betrat er den Bach.**

Знову вони прив'язали Бака мотузкою, і він знову увійшов у струмок.

**Diesmal schwamm er direkt und entschlossen in das rauschende Wasser.**

Цього разу він плив прямо та рішуче у стрімку воду.

**Hans ließ das Seil langsam los, während Pete darauf achtete, dass es sich nicht verhedderte.**

Ганс повільно відпускав мотузку, поки Піт не давав їй заплутатися.

**Buck schwamm schnell, bis er direkt über Thornton auf einer Linie lag.**

Бак щосили плив, аж поки не опинився трохи вище Торнтона.

**Dann drehte er sich um und raste wie ein Zug mit voller Geschwindigkeit nach unten.**

Потім він розвернувся і помчав униз, немов поїзд на повній швидкості.

**Thornton sah ihn kommen, machte sich bereit und schlang die Arme um seinen Hals.**

Торнтон побачив його наближення, приготувався і обійняв його за шию.

**Hans band das Seil fest um einen Baum, als beide unter Wasser gezogen wurden.**

Ганс міцно прив'язав мотузку до дерева, коли обох потягнуло під землю.

**Sie stürzten unter Wasser und zerschellten an Felsen und Flusstrümmern.**

Вони котилися під воду, розбиваючись об каміння та річкове уламки.

**In einem Moment war Buck oben, im nächsten erhob sich Thornton keuchend.**

В одну мить Бак був зверху, а в наступну Торнтон підвівся, задихаючись.

**Zerschlagen und erstickend steuerten sie auf das Ufer zu und waren in Sicherheit.**

Побиті та задихаючись, вони звернули до берега та безпечного місця.

**Thornton erlangte sein Bewusstsein wieder und lag quer über einem Treibholzbaumstamm.**

Торнтон прийшов до тями, лежачи на заплавній колоді.

**Hans und Pete haben hart gearbeitet, um ihm Atem und Leben zurückzugeben.**

Ганс і Піт наполегливо працювали, щоб повернути йому дихання та життя.

**Sein erster Gedanke galt Buck, der regungslos und schlaff dalag.**

Його перша думка була про Бака, який лежав нерухомо та безсило.

**Nig heulte über Bucks Körper und Skeet leckte sanft sein Gesicht.**

Ніг завив над тілом Бака, а Скіт ніжно облизав його обличчя.

**Thornton, wund und verletzt, untersuchte Buck mit vorsichtigen Händen.**

Торнтон, весь у синцях і боляче на тілі, обережно оглянув Бака.

**Er stellte fest, dass der Hund drei Rippen gebrochen hatte, jedoch keine tödlichen Wunden aufwies.**

Він виявив у собаки три зламані ребра, але смертельних ран не було.

**„Damit ist die Sache geklärt", sagte Thornton. „Wir zelten hier." Und das taten sie.**

«Це вирішує питання», — сказав Торнтон. «Ми тут таборуємо». І вони так і зробили.

**Sie blieben, bis Bucks Rippen verheilt waren und er wieder laufen konnte.**

Вони залишалися, поки ребра Бака не загоїлися, і він знову не зміг ходити.

**In diesem Winter vollbrachte Buck eine Leistung, die seinen Ruhm noch weiter steigerte.**

Тієї зими Бак здійснив подвиг, який ще більше підняв його славу.

**Es war weniger heroisch als Thornton zu retten, aber genauso beeindruckend.**

Це було менш героїчно, ніж порятунок Торнтона, але так само вражаюче.

**In Dawson benötigten die Partner Vorräte für eine wcite Reise.**

У Доусоні партнерам потрібні були припаси для далекої подорожі.

**Sie wollten nach Osten reisen, in unberührte Wildnisgebiete.**

Вони хотіли подорожувати на Схід, у недоторкані дикі землі.

**Bucks Tat im Eldorado Saloon machte diese Reise möglich.**

Вчинок Бака в салуні Ельдорадо зробив цю поїздку можливою.

**Es begann damit, dass Männer bei einem Drink mit ihren Hunden prahlten.**

Все почалося з того, що чоловіки вихвалялися своїми собаками за випивкою.

**Bucks Ruhm machte ihn zur Zielscheibe von Herausforderungen und Zweifeln.**

Слава Бака зробила його мішенню для викликів та сумнівів.

**Thornton blieb stolz und ruhig und verteidigte Bucks Namen standhaft.**

Торнтон, гордий і спокійний, твердо стояв на захисті імені Бака.

**Ein Mann sagte, sein Hund könne problemlos zweihundertsechsunddreißig kg ziehen.**

Один чоловік сказав, що його собака може легко потягнути п'ятсот фунтів.

**Ein anderer sagte sechshundert und ein dritter prahlte mit siebenhundert.**

Інший сказав шістсот, а третій похвалився сімсот.

**„Pfft!", sagte John Thornton, „Buck kann einen fünfhundert kg schweren Schlitten ziehen."**

«Пфф!» — сказав Джон Торнтон. — «Бак може тягнути сани вагою в тисячу фунтів».

Matthewson, ein Bonanza-König, beugte sich vor und forderte ihn heraus.

Метьюсон, король Бонанзи, нахилився вперед і кинув йому виклик.

„Glauben Sie, er kann so viel Gewicht in Bewegung setzen?"

«Ти думаєш, що він може привести в рух таку велику вагу?»

„Und Sie glauben, er kann das Gewicht volle hundert Meter weit ziehen?"

«І ти думаєш, що він зможе протягнути цю вагу на цілих сто ярдів?»

Thornton antwortete kühl: „Ja. Buck ist Hund genug, um das zu tun."

Торнтон холоднокровно відповів: «Так. Бак достатньо хороший пес, щоб це зробити».

„Er wird tausend Pfund in Bewegung setzen und es hundert Meter weit ziehen."

«Він змусить рухатися тисячу фунтів і потягне його на сто ярдів».

Matthewson lächelte langsam und stellte sicher, dass alle Männer seine Worte hörten.

Метьюсон повільно посміхнувся і переконався, що всі чоловіки почули його слова.

„Ich habe tausend Dollar, die sagen, dass er es nicht kann. Da ist es."

«У мене є тисяча доларів, які говорять, що він не зможе. Ось вона».

Er knallte einen Sack Goldstaub von der Größe einer Wurst auf die Theke.

Він грюкнув мішечком золотого пилу завбільшки з ковбасу по барній стійці.

Niemand sagte ein Wort. Die Stille um sie herum wurde drückend und angespannt.

Ніхто не промовив ні слова. Тиша навколо них ставала все важчою та напруженішою.

**Thorntons Bluff – wenn es denn einer war – war ernst genommen worden.**

Торнтонов блеф — якщо це був блеф — сприйняли серйозно.

**Er spürte, wie ihm die Hitze im Gesicht aufstieg und das Blut in seine Wangen schoss.**

Він відчув, як жар піднімається до його обличчя, кров прилила до щік.

**In diesem Moment war seine Zunge seiner Vernunft voraus.**

У ту мить його язик випередив розум.

**Er wusste wirklich nicht, ob Buck fünfhundert kg bewegen konnte.**

Він справді не знав, чи зможе Бак зрушити з місця тисячу фунтів.

**Eine halbe Tonne! Allein die Größe ließ ihm das Herz schwer werden.**

Півтонни! Вже сам його розмір стиснув йому серце.

**Er hatte Vertrauen in Bucks Stärke und hielt ihn für fähig.**

Він вірив у силу Бака і вважав його здатним.

**Doch einer solchen Herausforderung war er noch nie begegnet, nicht auf diese Art und Weise.**

Але він ніколи не стикався з таким викликом, не з таким.

**Ein Dutzend Männer beobachteten ihn still und warteten darauf, was er tun würde.**

Десяток чоловіків мовчки спостерігали за ним, чекаючи, що він зробить.

**Er hatte das Geld nicht – Hans und Pete auch nicht.**

У нього не було грошей — як і в Ганса, чи в Піта.

**„Ich habe draußen einen Schlitten", sagte Matthewson kalt und direkt.**

«У мене надворі сани», — холодно та прямо сказав Метьюсон.

**„Es ist mit zwanzig Säcken zu je fünfzig Pfund beladen, alles Mehl.**

«Він завантажений двадцятьма мішками, по п'ятдесят фунтів кожен, все борошно.

**Lassen Sie sich also jetzt nicht von einem fehlenden Schlitten als Ausrede ausreden", fügte er hinzu.**

Тож не дозволяйте зниклим саням бути вашим виправданням зараз, – додав він.

**Thornton stand still da. Er wusste nicht, was er sagen sollte.**

Торнтон мовчав. Він не знав, які слова сказати.

**Er blickte sich die Gesichter an, ohne sie deutlich zu erkennen.**

Він озирнувся на обличчя, не розгледівши їх чітко.

**Er sah aus wie ein Mann, der in Gedanken erstarrt war und versuchte, neu zu starten.**

Він виглядав як людина, завмерла в думках і намагається почати все заново.

**Dann sah er Jim O'Brien, einen Freund aus der Mastodon-Zeit.**

Потім він побачив Джима О'Браєна, друга ще з часів мастодонтів.

**Dieses vertraute Gesicht gab ihm Mut, von dem er nicht wusste, dass er ihn hatte.**

Це знайоме обличчя додало йому сміливості, про яку він і не знав.

**Er drehte sich um und fragte mit leiser Stimme: „Können Sie mir tausend leihen?"**

Він повернувся і тихо запитав: «Чи можете ви позичити мені тисячу?»

**„Sicher", sagte O'Brien und ließ bereits einen schweren Sack neben dem Gold fallen.**

«Звичайно», — сказав О'Браєн, вже кидаючи важкий мішок біля золота.

**„Aber ehrlich gesagt, John, ich glaube nicht, dass das Biest das tun kann."**

«Але, чесно кажучи, Джоне, я не вірю, що звір може це зробити».

**Alle im Eldorado Saloon strömten nach draußen, um sich die Veranstaltung anzusehen.**

Усі в салуні «Ельдорадо» вибігли надвір, щоб подивитися на подію.

**Sie ließen Tische und Getränke zurück und sogar die Spiele wurden unterbrochen.**

Вони залишили столи та напої, і навіть ігри були призупинені.

**Dealer und Spieler kamen, um das Ende der kühnen Wette mitzuerleben.**

Дилери та гравці прийшли, щоб подивитися на кінець сміливої ставки.

**Hunderte versammelten sich auf der vereisten Straße um den Schlitten.**

Сотні людей зібралися навколо саней на крижаній відкритій вулиці.

**Matthewsons Schlitten stand mit einer vollen Ladung Mehlsäcke da.**

Сани Метьюсона стояли, повні мішків борошна.

**Der Schlitten stand stundenlang bei Minustemperaturen.**

Сани простояли годинами за мінусової температури.

**Die Kufen des Schlittens waren fest am festgetretenen Schnee festgefroren.**

Полозья саней міцно примерзли до утрамбованого снігу.

**Die Männer wetteten zwei zu eins, dass Buck den Schlitten nicht bewegen könne.**

Чоловіки поставили два до одного на те, що Бак не зможе зрушити сани.

**Es kam zu einem Streit darüber, was „ausbrechen" eigentlich bedeutet.**

Виникла суперечка щодо того, що насправді означає слово «вирватися».

**O'Brien sagte, Thornton solle die festgefrorene Basis des Schlittens lösen.**

О'Браєн сказав, що Торнтон має розпушити замерзлу основу саней.

**Buck könnte dann aus einem soliden, bewegungslosen Start „ausbrechen".**

Тоді Бак міг «вирватися» з твердого, нерухомого старту.

**Matthewson argumentierte, dass der Hund auch die Läufer befreien müsse.**

Метьюсон стверджував, що собака також має звільнити бігунів.

**Die Männer, die von der Wette gehört hatten, stimmten Matthewsons Ansicht zu.**

Чоловіки, які чули про парі, погодилися з точкою зору Метьюсона.

**Mit dieser Entscheidung stiegen die Chancen auf drei zu eins gegen Buck.**

З цим рішенням шанси зросли до трьох до одного проти Бака.

**Niemand trat vor, um die wachsende Drei-zu-eins-Chance auf sich zu nehmen.**

Ніхто не зробив крок вперед, щоб скористатися зростаючими шансами три до одного.

**Kein einziger Mann glaubte, dass Buck diese große Leistung vollbringen könnte.**

Жоден чоловік не вірив, що Бак здатний на такий великий подвиг.

**Thornton war zu der Wette gedrängt worden, obwohl er voller Zweifel war.**

Торнтона, обтяженого сумнівами, поспішно втягнули в цю парі.

**Nun blickte er auf den Schlitten und das zehnköpfige Hundegespann daneben.**

Тепер він подивився на сани та упряжку з десяти собак поруч.

**Als ich die Realität der Aufgabe sah, erschien sie noch unmöglicher.**

Бачачи реальність завдання, воно здавалося ще більш неможливим.

**Matthewson war in diesem Moment voller Stolz und Selbstvertrauen.**

У той момент Меттьюсон був сповнений гордості та впевненості.

**„Drei zu eins!", rief er. „Ich wette noch tausend, Thornton!"**

«Три до одного!» — крикнув він. — «Ставлю ще тисячу, Торнтоне!»

**Was sagst du dazu?", fügte er laut genug hinzu, dass es alle hören konnten.**

— Що скажеш? — додав він достатньо голосно, щоб усі почули.

**Thorntons Gesicht zeigte seine Zweifel, aber sein Geist war aufgeblüht.**

Обличчя Торнтона виражало сумніви, але його дух піднявся.

**Dieser Kampfgeist ignorierte alle Widrigkeiten und fürchtete sich überhaupt nicht.**

Цей бойовий дух ігнорував труднощі та нічого не боявся.

**Er forderte Hans und Pete auf, ihr gesamtes Bargeld auf den Tisch zu bringen.**

Він зателефонував Гансу та Піту, щоб ті принесли всі свої гроші до столу.

**Ihnen blieb nicht mehr viel übrig – insgesamt nur zweihundert Dollar.**

У них залишилося мало що — лише двісті доларів разом.

**Diese kleine Summe war ihr gesamtes Vermögen in schweren Zeiten.**

Ця невелика сума була їхнім повним статком у важкі часи.

**Dennoch setzten sie ihr gesamtes Vermögen auf Matthewsons Wette.**

Однак вони поставили весь статок на ставку Метьюсона.

**Das zehnköpfige Hundegespann wurde abgekoppelt und vom Schlitten wegbewegt.**

Десятисобача упряжка була відпряжена та відійшла від саней.

**Buck wurde in die Zügel genommen und trug sein vertrautes Geschirr.**

Бака посадили за віжки, одягнувши свою звичну упряж.

**Er hatte die Energie der Menge aufgefangen und die Spannung gespürt.**

Він вловив енергію натовпу та відчув напругу.

**Irgendwie wusste er, dass er etwas für John Thornton tun musste.**

Якимось чином він знав, що має щось зробити для Джона Торнтона.

**Die Leute murmelten voller Bewunderung über die stolze Gestalt des Hundes.**

Люди захоплено шепотіли, дивлячись на горду постать собаки.

**Er war schlank und stark und hatte kein einziges Gramm Fleisch zu viel.**

Він був худий і міцний, без жодної зайвої унції плоті.

**Sein Gesamtgewicht von hundertfünfzig Pfund bestand nur aus Kraft und Ausdauer.**

Його повна вага в сто п'ятдесят фунтів була суцільною силою та витривалістю.

**Bucks Fell glänzte wie Seide und strotzte vor Gesundheit und Kraft.**

Шуба Бака блищала, як шовк, густа від здоров'я та сили.

**Das Fell an seinem Hals und seinen Schultern schien sich aufzurichten und zu sträuben.**

Хутро на його шиї та плечах ніби дибки стало й щетиною.

**Seine Mähne bewegte sich leicht, jedes Haar war voller Energie.**

Його грива ледь помітно ворухнулася, кожна волосинка ожила від його величезної енергії.

**Seine breite Brust und seine starken Beine passten zu seinem schweren, robusten Körperbau.**

Його широкі груди та міцні ноги відповідали його важкій, міцній статурі.

**Unter seinem Mantel spannten sich Muskeln, straff und fest wie geschmiedetes Eisen.**

М'язи напружувалися під його пальто, напружені та тверді, як скуте залізо.

**Männer berührten ihn und schworen, er sei gebaut wie eine Stahlmaschine.**

Чоловіки торкалися його й клялися, що він був збудований, як сталева машина.

**Die Quoten sanken leicht auf zwei zu eins gegen den großen Hund.**

Шанси трохи знизилися до двох до одного проти великого пса.

**Ein Mann von den Skookum Benches drängte sich stotternd nach vorne.**

Чоловік зі Скукумських лавок просунувся вперед, затинаючись.

**„Gut, Sir! Ich biete achthundert für ihn – vor der Prüfung, Sir!"**

«Добре, сер! Пропоную за нього вісімсот… до випробування, сер!»

**„Achthundert, so wie er jetzt dasteht!", beharrte der Mann.**

«Вісімсот, як він зараз стоїть!» — наполягав чоловік.

**Thornton trat vor, lächelte und schüttelte ruhig den Kopf.**

Торнтон ступив уперед, посміхнувся та спокійно похитав головою.

**Matthewson schritt schnell mit warnender Stimme und einem Stirnrunzeln ein.**

Меттьюсон швидко втрутився попереджувальним голосом і насупився.

**„Sie müssen Abstand von ihm halten", sagte er. „Geben Sie ihm Raum."**

«Ти мусиш відійти від нього подалі», — сказав він. «Дай йому простір».

**Die Menge verstummte; nur die Spieler boten noch zwei zu eins.**

Натовп замовк; лише гравці все ще ставили два до одного.

**Alle bewunderten Bucks Körperbau, aber die Last schien zu groß.**

Усі захоплювалися статурою Бака, але вантаж виглядав занадто великим.

**Zwanzig Säcke Mehl – jeder fünfzig Pfund schwer – schienen viel zu viel.**

Двадцять мішків борошна — кожен вагою п'ятдесят фунтів — здалися занадто великими.

**Niemand war bereit, seinen Geldbeutel zu öffnen und sein Geld zu riskieren.**

Ніхто не бажав відкривати гаманець і ризикувати грошима.

**Thornton kniete neben Buck und nahm seinen Kopf in beide Hände.**

Торнтон став навколішки поруч із Баком і взяв його голову обома руками.

**Er drückte seine Wange an Bucks und sprach in sein Ohr.**

Він притиснувся щокою до Бакової і промовив йому на вухо.

**Es gab jetzt kein spielerisches Schütteln oder geflüsterte liebevolle Beleidigungen.**

Тепер не було жодного грайливого тряски чи шепоту любовних образ.

**Er murmelte nur leise: „So sehr du mich liebst, Buck."**

Він лише тихо пробурмотів: «Як би ти мене не любив, Баку».

**Buck stieß ein leises Winseln aus, seine Begierde konnte er kaum zurückhalten.**

Бак тихо заскиглив, ледве стримуючи своє нетерпіння.

**Die Zuschauer beobachteten neugierig, wie Spannung in der Luft lag.**

Очільники з цікавістю спостерігали, як повітря наповнювало напруження.

**Der Moment fühlte sich fast unwirklich an, wie etwas jenseits der Vernunft.**

Цей момент здавався майже нереальним, ніби щось поза межами розумного.

**Als Thornton aufstand, nahm Buck sanft seine Hand zwischen die Kiefer.**

Коли Торнтон підвівся, Бак обережно взяв його руку в щелепи.

**Er drückte mit den Zähnen nach unten und ließ dann langsam und sanft los.**

Він натиснув зубами, а потім повільно та обережно відпустив.

**Es war eine stille Antwort der Liebe, nicht ausgesprochen, aber verstanden.**

Це була мовчазна відповідь кохання, не висловлена, а зрозуміла.

**Thornton trat weit von dem Hund zurück und gab das Signal.**

Торнтон відійшов далеко від собаки та подав знак.

**„Jetzt, Buck", sagte er und Buck antwortete mit konzentrierter Ruhe.**

«Ну ж бо, Баку», — сказав він, і Бак відповів зосередженим спокійним тоном.

**Buck spannte die Leinen und lockerte sie dann um einige Zentimeter.**

Бак спочатку затягнув мотузки, а потім послабив їх на кілька дюймів.

**Dies war die Methode, die er gelernt hatte; seine Art, den Schlitten zu zerbrechen.**

Це був метод, який він вивчив; його спосіб зламати сани.

**„Mensch!", rief Thornton mit scharfer Stimme in der schweren Stille.**

«Гей!» — крикнув Торнтон різким голосом у важкій тиші.

**Buck drehte sich nach rechts und stürzte sich mit seinem gesamten Gewicht nach vorn.**

Бак повернувся праворуч і зробив ривок щосили.

**Das Spiel verschwand und Bucks gesamte Masse traf die straffen Leinen.**

Провисання зникло, і Бак усією своєю вагою вдарився об вузькі траси.

**Der Schlitten zitterte und die Kufen machten ein knackendes, knisterndes Geräusch.**

Сани затремтіли, а полозки видали хрусткий тріск.

**„Haw!", befahl Thornton und änderte erneut Bucks Richtung.**

«Гау!» — скомандував Торнтон, знову змінюючи напрямок Бака.

**Buck wiederholte die Bewegung und zog diesmal scharf nach links.**

Бак повторив рух, цього разу різко потягнувши ліворуч.

Das Knacken des Schlittens wurde lauter, die Kufen knackten und verschoben sich.

Сани тріщали голосніше, полозки клацали та зсувалися.

Die schwere Last rutschte leicht seitwärts über den gefrorenen Schnee.

Важкий вантаж трохи ковзав боком по замерзлому снігу.

Der Schlitten hatte sich aus der Umklammerung des eisigen Pfades gelöst!

Санки вирвалися з обіймів крижаної стежки!

Die Männer hielten den Atem an, ohne zu merken, dass sie nicht einmal atmeten.

Чоловіки затамували подих, навіть не усвідомлюючи, що вони не дихають.

„Jetzt ZIEHEN!", rief Thornton durch die eisige Stille.

«А тепер, ТЯГНІТЬ!» — крикнув Торнтон крізь крижану тишу.

Thorntons Befehl klang scharf wie ein Peitschenknall.

Команда Торнтона пролунала різко, немов клацання батога.

Buck stürzte sich mit einem heftigen und heftigen Ausfallschritt nach vorne.

Бак кинувся вперед лютим та різким випадом.

Sein ganzer Körper war aufgrund der enormen Belastung angespannt und verkrampft.

Все його тіло напружилося та стиснулося від величезного навантаження.

Unter seinem Fell spannten sich Muskeln wie lebendig werdende Schlangen.

М'язи напружувалися під його хутром, немов оживаючі змії.

Seine breite Brust war tief, der Kopf nach vorne zum Schlitten gestreckt.

Його пишні груди були низькими, голова витягнута вперед, до саней.

Seine Pfoten bewegten sich blitzschnell und seine Krallen zerschnitten den gefrorenen Boden.

Його лапи рухалися, мов блискавка, кігті розсікали замерзлу землю.

**Er kämpfte um jeden Zentimeter Bodenhaftung und hinterließ tiefe Rillen.**

Канавки були глибокими, поки він боровся за кожен сантиметр зчеплення.

**Der Schlitten schaukelte, zitterte und begann eine langsame, unruhige Bewegung.**

Санки захиталися, затремтіли й почали повільний, неспокійний рух.

**Ein Fuß rutschte aus und ein Mann in der Menge stöhnte laut auf.**

Одна нога послизнулася, і чоловік у натовпі голосно застогнав.

**Dann machte der Schlitten mit einer ruckartigen, heftigen Bewegung einen Satz nach vorne.**

Потім сани різко, різко помчали вперед.

**Es hörte nicht wieder auf – noch einen halben Zoll … einen Zoll … zwei Zoll mehr.**

Воно знову не зупинилося — півдюйма... дюйм... ще два дюйми.

**Die Stöße wurden kleiner, als der Schlitten an Geschwindigkeit zunahm.**

Ривок стихав, коли сани почали набирати швидкість.

**Bald zog Buck mit sanfter, gleichmäßiger Rollkraft.**

Невдовзі Бак тягнув з плавною, рівномірною, кочливою силою.

**Die Männer schnappten nach Luft und erinnerten sich schließlich wieder daran zu atmen.**

Чоловіки ахнули і нарешті згадали знову дихати.

**Sie hatten nicht bemerkt, dass ihnen vor Ehrfurcht der Atem stockte.**

Вони не помітили, як у них перехопило подих від благоговіння.

**Thornton rannte hinterher und rief kurze, fröhliche Befehle.**

Торнтон біг позаду, вигукуючи короткі, бадьорі команди.

**Vor uns lag ein Stapel Brennholz, der die Entfernung markierte.**

Попереду була купа дров, яка позначала відстань.

**Als Buck sich dem Haufen näherte, wurde der Jubel immer lauter.**

Коли Бак наближався до купи, оплески ставали дедалі голоснішими.

**Der Jubel schwoll zu einem Brüllen an, als Buck den Endpunkt passierte.**

Огуки переросли в рев, коли Бак минув кінцеву точку.

**Männer sprangen auf und schrien, sogar Matthewson grinste.**

Чоловіки підстрибували та кричали, навіть Метьюсон розплився в усмішці.

**Hüte flogen durch die Luft, Fäustlinge wurden gedankenlos und ziellos herumgeworfen.**

Капелюхи злітали в повітря, рукавиці жбурляли без роздумів і мети.

**Männer packten einander und schüttelten sich die Hände, ohne zu wissen, wer es war.**

Чоловіки схопилися один за одного й потиснули руки, не знаючи кому.

**Die ganze Menge war in wilder, freudiger Stimmung.**

Весь натовп гудів у шаленому, радісному святкуванні.

**Thornton fiel mit zitternden Händen neben Buck auf die Knie.**

Торнтон тремтячими руками опустився на коліна поруч із Баком.

**Er drückte seinen Kopf an Bucks und schüttelte ihn sanft hin und her.**

Він притиснув голову до Бака і легенько похитав його туди-сюди.

**Diejenigen, die näher kamen, hörten, wie er den Hund mit stiller Liebe verfluchte.**

Ті, хто підходив, чули, як він тихо проклинав собаку.

**Er beschimpfte Buck lange – leise, herzlich und emotional.**

Він довго лаявся на Бака — тихо, тепло, зворушено.

„Gut, Sir! Gut, Sir!", rief der König der Skookum-Bank hastig.

«Добре, сер! Добре, сер!» — поспішно вигукнув король лави Скукумів.

„Ich gebe Ihnen tausend – nein, zwölfhundert – für diesen Hund, Sir!"

«Я дам вам тисячу… ні, двісті двісті… за цього собаку, сер!»

Thornton stand langsam auf, seine Augen glänzten vor Emotionen.

Торнтон повільно підвівся на ноги, його очі сяяли емоціями.

Tränen strömten ihm ohne jede Scham über die Wangen.

Сльози відкрито котилися по його щоках без жодного сорому.

„Sir", sagte er zum König der Skookum-Bank, ruhig und bestimmt

«Пане», — сказав він королю лави Скукумів, твердо та непохитно

„Nein, Sir. Sie können zur Hölle fahren, Sir. Das ist meine endgültige Antwort."

«Ні, сер. Можете йти до біса, сер. Це моя остаточна відповідь».

Buck packte Thorntons Hand sanft mit seinen starken Kiefern.

Бак ніжно схопив руку Торнтона своїми міцними щелепами.

Thornton schüttelte ihn spielerisch, ihre Bindung war so tief wie eh und je.

Торнтон грайливо потиснув його, їхній зв'язок був міцним, як ніколи.

Die Menge, bewegt von diesem Moment, trat schweigend zurück.

Натовп, зворушений моментом, мовчки відступив назад.

Von da an wagte es niemand mehr, diese heilige Zuneigung zu unterbrechen.

Відтоді ніхто не смів переривати таку священну прихильність.

## Der Klang des Rufs
Звук дзвінка

**Buck hatte in fünf Minuten Sechzehnhundert Dollar verdient.**
Бак заробив тисячу шістсот доларів за п'ять хвилин.

**Mit dem Geld konnte John Thornton einen Teil seiner Schulden begleichen.**
Ці гроші дозволили Джону Торнтону погасити частину своїх боргів.

**Mit dem restlichen Geld machte er sich mit seinen Partnern auf den Weg nach Osten.**
З рештою грошей він вирушив на Схід разом зі своїми партнерами.

**Sie suchten nach einer sagenumwobenen verlorenen Mine, die so alt ist wie das Land selbst.**
Вони шукали легендарну загублену шахту, таку ж стару, як і сама країна.

**Viele Männer hatten nach der Mine gesucht, aber nur wenige hatten sie je gefunden.**
Багато чоловіків шукали шахту, але мало хто її знайшов.

**Während der gefährlichen Suche waren nicht wenige Männer verschwunden.**
Під час небезпечних пошуків зникло чимало чоловіків.

**Diese verlorene Mine war sowohl in Geheimnisse als auch in eine alte Tragödie gehüllt.**
Ця втрачена шахта була оповита водночас таємницею та давньою трагедією.

**Niemand wusste, wer der erste Mann war, der die Mine entdeckt hatte.**
Ніхто не знав, хто першим знайшов шахту.

**In den ältesten Geschichten wird niemand namentlich erwähnt.**
У найдавніших оповідях не згадується нікого на ім'я.

**Dort hatte immer eine alte, baufällige Hütte gestanden.**
Там завжди стояла стара, напівзруйнована хатина.

**Sterbende Männer hatten geschworen, dass sich neben dieser alten Hütte eine Mine befand.**

Вмираючі клялися, що поруч із тією старою хатиною була шахта.

**Sie bewiesen ihre Geschichten mit Gold, wie es nirgendwo sonst zu finden ist.**

Вони довели свої історії золотом, якого більше ніде не знайти.

**Keine lebende Seele hatte den Schatz von diesem Ort jemals geplündert.**

Жодна жива душа ніколи не пограбувала скарб з того місця.

**Die Toten waren tot, und Tote erzählen keine Geschichten.**

Мертві були мертві, а мертві люди не розповідають історій.

**Also machten sich Thornton und seine Freunde auf den Weg in den Osten.**

Тож Торнтон та його друзі вирушили на Схід.

**Pete und Hans kamen mit Buck und sechs starken Hunden.**

Піт і Ганс приєдналися, привівши Бака та шістьох міцних собак.

**Sie begaben sich auf einen unbekannten Weg, an dem andere gescheitert waren.**

Вони вирушили невідомою стежкою, де інші зазнали невдачі.

**Sie rodelten siebzig Meilen den zugefrorenen Yukon River hinauf.**

Вони проїхали на санчатах сімдесят миль вгору по замерзлій річці Юкон.

**Sie bogen links ab und folgten dem Pfad bis zum Stewart.**

Вони повернули ліворуч і пішли стежкою до річки Стюарт.

**Sie passierten Mayo und McQuestion und drängten weiter.**

Вони проїхали повз «Майо» та «МакКвістеншн» і продовжували рухатися далі.

**Der Stewart schrumpfte zu einem Strom, der sich durch zerklüftete Gipfel schlängelte.**

Стюарт перетворився на потік, що нишпорив між гострими вершинами.

**Diese scharfen Gipfel markierten das Rückgrat des Kontinents.**

Ці гострі вершини позначали сам хребет континенту.

**John Thornton verlangte wenig von den Menschen oder der Wildnis.**

Джон Торнтон мало що вимагав від людей чи дикої землі.

**Er fürchtete nichts in der Natur und begegnete der Wildnis mit Leichtigkeit.**

Він нічого не боявся в природі та легко сприймав дику природу.

**Nur mit Salz und einem Gewehr konnte er reisen, wohin er wollte.**

Маючи лише сіль та гвинтівку, він міг подорожувати, куди забажає.

**Wie die Eingeborenen jagte er auf seiner Reise nach Nahrung.**

Як і тубільці, він полював на їжу під час подорожі.

**Wenn er nichts fing, machte er weiter und vertraute auf sein Glück.**

Якщо він нічого не зловив, то продовжував рухатися, покладаючись на удачу.

**Auf dieser langen Reise war Fleisch die Hauptnahrungsquelle.**

Під час цієї довгої подорожі м'ясо було основною їжею, яку вони їли.

**Der Schlitten enthielt Werkzeuge und Munition, jedoch keinen strengen Zeitplan.**

У санях було інструменти та боєприпаси, але суворого розкладу не було.

**Buck liebte dieses Herumwandern, die endlose Jagd und das Fischen.**

Бак любив ці мандрівки; нескінченне полювання та риболовлю.

**Wochenlang waren sie Tag für Tag unterwegs.**

Тижнями вони подорожували день за днем.

**Manchmal schlugen sie Lager auf und blieben wochenlang dort.**

Іншим разом вони розбивали табори і залишалися на місці тижнями.

**Die Hunde ruhten sich aus, während die Männer im gefrorenen Dreck gruben.**

Собаки відпочивали, поки чоловіки копали замерзлу землю.

**Sie erwärmten Pfannen über dem Feuer und suchten nach verborgenem Gold.**

Вони гріли сковорідки на вогні та шукали заховане золото.

**An manchen Tagen hungerten sie, an anderen feierten sie Feste.**

Інколи вони голодували, а інколи влаштовували бенкети.

**Ihre Mahlzeiten hingen vom Wild und vom Jagdglück ab.**

Їхнє харчування залежало від дичини та удачі на полюванні.

**Als der Sommer kam, trugen Männer und Hunde schwere Lasten auf ihren Rücken.**

Коли настало літо, чоловіки та собаки вантажили вантажі на спинах.

**Sie fuhren mit dem Floß über blaue Seen, die in Bergwäldern versteckt waren.**

Вони сплавлялися на плотах по блакитних озерах, захованих у гірських лісах.

**Sie segelten in schmalen Booten auf Flüssen, die noch nie von Menschen kartiert worden waren.**

Вони плавали на вузьких човнах річками, які жодна людина ніколи не картографувала.

**Diese Boote wurden aus Bäumen gebaut, die sie in der Wildnis gesägt haben.**

Ці човни були побудовані з дерев, які вони розпиляли в дикій природі.

**Die Monate vergingen und sie schlängelten sich durch die wilden, unbekannten Länder.**

Минали місяці, і вони петляли крізь дикі невідомі землі.

**Es waren keine Männer dort, doch alte Spuren deuteten darauf hin, dass Männer dort gewesen waren.**

Чоловіків там не було, проте старі сліди натякали на те, що чоловіки там були.

**Wenn die verlorene Hütte echt war, dann waren einst andere hier entlang gekommen.**

Якщо Загублена Хатина справжня, то цією стежкою колись проходили й інші.

**Sie überquerten hohe Pässe bei Schneestürmen, sogar im Sommer.**

Вони перетинали високі перевали у хуртовини, навіть влітку.

**Sie zitterten unter der Mitternachtssonne auf kahlen Berghängen.**

Вони тремтіли під опівнічним сонцем на голих гірських схилах.

**Zwischen der Baumgrenze und den Schneefeldern stiegen sie langsam auf.**

Між лісовою смугою та сніговими полями вони повільно піднімалися вгору.

**In warmen Tälern schlugen sie nach Schwärmen aus Mücken und Fliegen.**

У теплих долинах вони відлякували хмари комарів та мух.

**Sie pflückten süße Beeren in der Nähe von Gletschern in voller Sommerblüte.**

Вони збирали солодкі ягоди біля льодовиків у повному цвітінні влітку.

**Die Blumen, die sie fanden, waren genauso schön wie die im Süden.**

Квіти, які вони знайшли, були такі ж прекрасні, як і ті, що ростуть у Південній країні.

**Im Herbst erreichten sie eine einsame Region voller stiller Seen.**

Тієї осені вони дісталися безлюдного краю, повного мовчазних озер.

**Das Land war traurig und leer, einst voller Vögel und Tiere.**

Земля була сумною та порожньою, колись повною птахів та звірів.

**Jetzt gab es kein Leben mehr, nur noch den Wind und das Eis, das sich in Pfützen bildete.**

Тепер там не було життя, лише вітер та лід, що утворювався в калюжах.

**Mit einem sanften, traurigen Geräusch schlugen die Wellen gegen die leeren Ufer.**

Хвилі з м'яким, тужливим звуком плескалися об порожні береги.

**Ein weiterer Winter kam und sie folgten erneut schwachen, alten Spuren.**

Настала ще одна зима, і вони знову йшли ледь помітними старими стежками.

**Dies waren die Spuren von Männern, die schon lange vor ihnen gesucht hatten.**

Це були стежки людей, які шукали задовго до них.

**Einmal fanden sie einen Pfad, der tief in den dunklen Wald hineinreichte.**

Одного разу вони знайшли стежку, що прорізалася глибоко в темний ліс.

**Es war ein alter Pfad und sie hatten das Gefühl, dass die verlorene Hütte ganz in der Nähe war.**

Це була стара стежка, і вони відчували, що загублена хатина була близько.

**Doch die Spur führte nirgendwo hin und verlor sich im dichten Wald.**

Але стежка нікуди не віла і зникала в густому лісі.

**Wer auch immer die Spur angelegt hat und warum, das wusste niemand.**

Хто б не проклав цей шлях і чому, ніхто не знав.

**Später fanden sie das Wrack einer Hütte, versteckt zwischen den Bäumen.**

Пізніше вони знайшли залишки хатини, заховані серед дерев.

**Verrottende Decken lagen verstreut dort, wo einst jemand geschlafen hatte.**

Там, де колись хтось спав, лежали розкидані гнилі ковдри.

**John Thornton fand darin ein Steinschlossgewehr mit langem Lauf.**

Джон Торнтон знайшов усередині закопаний крем'яний ручний замок із довгим стволом.

**Er wusste, dass es sich um eine Waffe von Hudson Bay aus den frühen Handelstagen handelte.**

Він знав, що це гармата Гудзонової затоки ще з перших днів торгівлі.

**Damals wurden solche Gewehre gegen Stapel von Biberfellen eingetauscht.**

У ті часи такі рушниці вимінювали на купи бобрових шкур.

**Das war alles – von dem Mann, der die Hütte gebaut hatte, gab es keine Spur mehr.**

Ось і все — не залишилося жодної натяку на людину, яка збудувала цей будиночок.


**Der Frühling kam wieder und sie fanden keine Spur von der verlorenen Hütte.**

Знову настала весна, а Загубленої Хатини вони не знайшли жодних ознак.

**Stattdessen fanden sie ein breites Tal mit einem seichten Bach.**

Натомість вони знайшли широку долину з неглибоким струмком.

**Gold lag wie glatte, gelbe Butter auf dem Pfannenboden.**

Золото лежало на дні сковорідок, немов гладке жовте масло.

**Sie hielten dort an und suchten nicht weiter nach der Hütte.**

Вони зупинилися там і більше не шукали хатину.

**Jeden Tag arbeiteten sie und fanden Tausende in Goldstaub.**

Щодня вони працювали і знаходили тисячі в золотому пилу.

**Sie packten das Gold in Säcke aus Elchhaut, jeder Fünfzig Pfund schwer.**

Вони упакували золото в мішки з лосячої шкіри, по п'ятдесят фунтів кожен.

**Die Säcke waren wie Brennholz vor ihrer kleinen Hütte gestapelt.**

Мішки були складені, як дрова, біля їхньої маленької хатини.

**Sie arbeiteten wie Giganten und die Tage vergingen wie im Flug.**

Вони працювали як велетні, а дні минали, як швидкі сни.

**Sie häuften Schätze an, während die endlosen Tage schnell vorbeizogen.**

Вони накопичували скарби, поки нескінченні дні швидко проносилися.

**Außer ab und zu Fleisch zu schleppen, gab es für die Hunde nicht viel zu tun.**

Собакам мало що залишалося робити, окрім як час від часу тягати м'ясо.

**Thornton jagte und tötete das Wild, und Buck lag am Feuer.**

Торнтон полював і вбивав дичину, а Бак лежав біля вогню.

**Er verbrachte viele Stunden schweigend, versunken in Gedanken und Erinnerungen.**

Він проводив довгі години в мовчанні, заглиблений у думки та спогади.

**Das Bild des haarigen Mannes kam Buck immer häufiger in den Sinn.**

Образ волохатого чоловіка все частіше спливав у Бака в голові.

**Jetzt, wo es kaum noch Arbeit gab, träumte Buck, während er ins Feuer blinzelte.**

Тепер, коли роботи було мало, Бак мріяв, кліпаючи очима на вогонь.

**In diesen Träumen wanderte Buck mit dem Mann in eine andere Welt.**

У тих снах Бак блукав з чоловіком в іншому світі.

**Angst schien das stärkste Gefühl in dieser fernen Welt zu sein.**

Страх здавався найсильнішим почуттям у тому далекому світі.

**Buck sah, wie der haarige Mann mit gesenktem Kopf schlief.**

Бак побачив, як волохатий чоловік спав, низько схиливши голову.

**Seine Hände waren gefaltet und sein Schlaf war unruhig und unterbrochen.**

Його руки були сплетені, а сон був неспокійний і перерваний.

**Er wachte immer ruckartig auf und starrte ängstlich in die Dunkelheit.**

Він здригався і прокидався з переляку, вдивляючись у темряву.

**Dann warf er mehr Holz ins Feuer, um die Flamme hell zu halten.**

Потім він підкидав ще дров у вогонь, щоб полум'я залишалося яскравим.

**Manchmal spazierten sie an einem Strand entlang, der an einem grauen, endlosen Meer entlangführte.**

Іноді вони гуляли пляжем біля сірого, безкрайнього моря.

**Der haarige Mann sammelte Schalentiere und aß sie im Gehen.**

Волохатий чоловік збирав молюсків і їв їх на ходу.

**Seine Augen suchten immer nach verborgenen Gefahren in den Schatten.**

Його очі завжди шукали прихованих небезпек у тіні.

**Seine Beine waren immer bereit, beim ersten Anzeichen einer Bedrohung loszusprinten.**

Його ноги завжди були готові бігти за перших ознак загрози.

**Sie schlichen still und vorsichtig Seite an Seite durch den Wald.**

Вони кралися лісом, мовчки та обережно, пліч-о-пліч.

**Buck folgte ihm auf den Fersen und beide blieben wachsam.**

Бак ішов за ним по п'ятах, і обидва залишалися напоготові.

**Ihre Ohren zuckten und bewegten sich, ihre Nasen schnüffelten in der Luft.**

Їхні вуха сіпалися та рухалися, носи нюхали повітря.

**Der Mann konnte den Wald genauso gut hören und riechen wie Buck.**

Чоловік чув і відчував запах лісу так само гостро, як і Бак.

**Der haarige Mann schwang sich mit plötzlicher Geschwindigkeit durch die Bäume.**

Волохатий чоловік з раптовою швидкістю промчав крізь дерева.

**Er sprang von Ast zu Ast, ohne jemals den Halt zu verlieren.**

Він стрибав з гілки на гілку, ніколи не пропускаючи хватки.

**Er bewegte sich über dem Boden genauso schnell wie auf ihm.**

Він рухався так само швидко над землею, як і по ній.

**Buck erinnerte sich an lange Nächte, in denen er unter den Bäumen Wache hielt.**

Бак згадував довгі ночі під деревами, коли він стежив за ними.

**Der Mann schlief auf seiner Stange in den Zweigen und klammerte sich fest.**

Чоловік спав, вмостившись на гілках, міцно притулившись.

**Diese Vision des haarigen Mannes war eng mit dem tiefen Ruf verbunden.**

Це видіння волохатого чоловіка було тісно пов'язане з глибоким покликом.

**Der Ruf klang noch immer mit eindringlicher Kraft durch den Wald.**

Поклик все ще лунав крізь ліс з моторошною силою.

**Der Anruf erfüllte Buck mit Sehnsucht und einem rastlosen Gefühl der Freude.**

Дзвінок сповнив Бака тугою та неспокійним відчуттям радості.

**Er spürte seltsame Triebe und Regungen, die er nicht benennen konnte.**

Він відчував дивні пориви та спонукання, які не міг назвати.

**Manchmal folgte er dem Ruf tief in die Stille des Waldes.**

Іноді він йшов на поклик глибоко в тихий ліс.

**Er suchte nach dem Ruf und bellte dabei leise oder scharf.**

Він шукав поклику, гавкаючи то тихо, то різко на ходу.

**Er roch am Moos und der schwarzen Erde, wo die Gräser wuchsen.**

Він понюхав мох і чорний ґрунт, де росли трави.

**Er schnaubte entzückt über den reichen Geruch der tiefen Erde.**

Він насолоджено пирхнув, вдихаючи насичений запах глибокої землі.

**Er hockte stundenlang hinter pilzbefallenen Baumstämmen.**

Він годинами ховався за стовбурами, вкритими грибком.

**Er blieb still und lauschte mit großen Augen jedem noch so kleinen Geräusch.**

Він стояв нерухомо, широко розплющивши очі, прислухаючись до кожного найменшого звуку.

**Vielleicht hoffte er, das Wesen, das den Ruf auslöste, zu überraschen.**

Можливо, він сподівався здивувати ту істоту, яка зателефонувала.

**Er wusste nicht, warum er so handelte – er tat es einfach.**

Він не знав, чому повівся так — він просто так робив.

**Die Triebe kamen aus der Tiefe, jenseits von Denken und Vernunft.**

Ці спонукання йшли з глибини душі, з-поза меж думки чи розуму.

**Unwiderstehliche Triebe überkamen Buck ohne Vorwarnung oder Grund.**

Непереборні бажання опанували Бака без попередження чи причини.

**Manchmal döste er träge im Lager in der Mittagshitze.**

Часом він ліниво дрімав у таборі під полуденною спекою.

**Plötzlich hob er den Kopf und stellte aufmerksam die Ohren auf.**

Раптом він підвів голову, а вуха насторожилися.

**Dann sprang er auf und stürmte ohne Pause in die Wildnis.**

Потім він схопився і без зупинки кинувся в дику природу.

**Er rannte stundenlang durch Waldwege und offene Flächen.**

Він годинами бігав лісовими стежками та відкритими просторами.

**Er liebte es, trockenen Bachläufen zu folgen und Vögel in den Bäumen zu beobachten.**

Він любив стежити за висохлими руслами струмків і спостерігати за птахами на деревах.

**Er könnte den ganzen Tag versteckt liegen und den Rebhühnern beim Herumstolzieren zusehen.**

Він міг цілий день лежати схований, спостерігаючи, як куріпки походжають навколо.

**Sie trommelten und marschierten, ohne Bucks Anwesenheit zu bemerken.**

Вони барабанили та марширували, не підозрюючи про все ще присутність Бака.

**Doch am meisten liebte er das Laufen in der Sommerdämmerung.**

Але найбільше він любив бігати влітку в сутінках.

**Das schwache Licht und die schläfrigen Waldgeräusche erfüllten ihn mit Freude.**

Приглушене світло та сонні лісові звуки наповнювали його радістю.

**Er las die Zeichen des Waldes so deutlich, wie ein Mann ein Buch liest.**

Він читав лісові знаки так само чітко, як людина читає книгу.

**Und er suchte immer nach dem seltsamen Ding, das ihn rief.**

І він завжди шукав ту дивну річ, яка кликала його.

**Dieser Ruf hörte nie auf – er erreichte ihn im Wachzustand und im Schlaf.**

Цей поклик ніколи не припинявся — він досягав його наяву чи уві сні.

Eines Nachts erwachte er mit einem Ruck, die Augen waren scharf und die Ohren gespitzt.

Однієї ночі він прокинувся здригнувшись, з гострим зором і високо нашорошеними вухами.

Seine Nasenlöcher zuckten, während seine Mähne in Wellen sträubte.

Його ніздрі сіпнулися, а грива хвилями стояла наїжачена.

Aus der Tiefe des Waldes ertönte erneut der alte Ruf.

З глибини лісу знову долинув звук, старий поклик.

Diesmal war der Ton klar und deutlich zu hören, ein langes, eindringliches, vertrautes Heulen.

Цього разу звук пролунав чітко, довгим, нав'язливим, знайомим виттям.

Es klang wie der Schrei eines Huskys, aber mit einem seltsamen und wilden Ton.

Це було схоже на крик хаскі, але дивне та дике за тоном.

Buck erkannte das Geräusch sofort – er hatte das genaue Geräusch vor langer Zeit gehört.

Бак одразу впізнав звук — він чув той самий звук давно.

Er sprang durch das Lager und verschwand schnell im Wald.

Він прострибнув крізь табір і швидко зник у лісі.

Als er sich dem Geräusch näherte, wurde er langsamer und bewegte sich vorsichtig.

Наближаючись до звуку, він сповільнився та рухався обережно.

Bald erreichte er eine Lichtung zwischen dichten Kiefern.

Невдовзі він дістався галявини між густими соснами.

Dort saß aufrecht auf seinen Hinterbeinen ein großer, schlanker Timberwolf.

Там, прямо на лапах, сидів високий, худий лісовий вовк.

Die Nase des Wolfes zeigte zum Himmel und hallte noch immer den Ruf wider.

Вовчий ніс був спрямований до неба, все ще відлунюючи поклик.

Buck hatte keinen Laut von sich gegeben, doch der Wolf blieb stehen und lauschte.

Бак не видав жодного звуку, проте вовк зупинився і прислухався.

**Der Wolf spürte etwas, spannte sich an und suchte die Dunkelheit ab.**

Відчуваючи щось, вовк напружився, вдивляючись у темряву.

**Buck schlich ins Blickfeld, mit gebeugtem Körper und ruhigen Füßen auf dem Boden.**

Бак непомітно з'явився в полі зору, пригнувшись, ногами стоячи на землі.

**Sein Schwanz war gerade, sein Körper vor Anspannung zusammengerollt.**

Його хвіст був прямий, тіло міцно стиснуте від напруги.

**Er zeigte sowohl eine bedrohliche als auch eine Art raue Freundschaft.**

Він виявляв одночасно загрозу та своєрідну грубу дружбу.

**Es war die vorsichtige Begrüßung, die wilde Tiere einander entgegenbrachten.**

Це було обережне вітання, яке поділяють дикі звірі.

**Aber der Wolf drehte sich um und floh, sobald er Buck sah.**

Але вовк обернувся і втік, щойно побачив Бака.

**Buck nahm die Verfolgung auf und sprang wild um sich, begierig darauf, es einzuholen.**

Бак погнався за ним, шалено стрибаючи, прагнучи наздогнати його.

**Er folgte dem Wolf in einen trockenen Bach, der durch einen Holzstau blockiert war.**

Він пішов за вовком у пересохлий струмок, перекритий дерев'яним завалом.

**In die Enge getrieben, wirbelte der Wolf herum und blieb stehen.**

Загнаний у кут, вовк обернувся і завмер на місці.

**Der Wolf knurrte und schnappte wie ein gefangener Husky im Kampf.**

Вовк загарчав і огризався, як спійманий хаскі в бійці.

**Die Zähne des Wolfes klickten schnell, sein Körper strotzte vor wilder Wut.**

Вовчі зуби швидко клацнули, його тіло аж стискалося від дикої люті.

**Buck griff nicht an, sondern umkreiste den Wolf mit vorsichtiger Freundlichkeit.**

Бак не атакував, а обережно та дружелюбно обійшов вовка.

**Durch langsame, harmlose Bewegungen versuchte er, seine Flucht zu verhindern.**

Він спробував заблокувати свою втечу повільними, нешкідливими рухами.

**Der Wolf war vorsichtig und verängstigt – Buck war dreimal so schwer wie er.**

Вовк був обережний і наляканий — Бак переважував його втричі.

**Der Kopf des Wolfes reichte kaum bis zu Bucks massiver Schulter.**

Голова вовка ледве сягала масивного плеча Бака.

**Der Wolf hielt Ausschau nach einer Lücke, rannte los und die Jagd begann von neuem.**

Спостерігаючи за проміжком, вовк кинувся тікати, і погоня почалася знову.

**Buck drängte ihn mehrere Male in die Enge und der Tanz wiederholte sich.**

Кілька разів Бак заганяв його в кут, і танець повторювався.

**Der Wolf war dünn und schwach, sonst hätte Buck ihn nicht fangen können.**

Вовк був худий і слабкий, інакше Бак не зміг би його спіймати.

**Jedes Mal, wenn Buck näher kam, wirbelte der Wolf herum und sah ihn voller Angst an.**

Щоразу, як Бак наближався, вовк обертався і злякано дивився йому в обличчя.

**Dann rannte er bei der ersten Gelegenheit erneut in den Wald.**

Тоді за першої ж нагоди він знову кинувся в ліс.

**Aber Buck gab nicht auf und schließlich fasste der Wolf Vertrauen zu ihm.**

Але Бак не здавався, і врешті-решт вовк почав йому довіряти.

**Er schnüffelte an Bucks Nase und die beiden wurden verspielt und aufmerksam.**

Він понюхав Бака до носа, і вони вдвох стали грайливими та пильними.

**Sie spielten wie wilde Tiere, wild und doch schüchtern in ihrer Freude.**

Вони гралися, як дикі звірі, люті, але водночас сором'язливі у своїй радості.

**Nach einer Weile trabte der Wolf zielstrebig und ruhig davon.**

Через деякий час вовк спокійно й цілеспрямовано побіг геть.

**Er machte Buck deutlich, dass er beabsichtigte, verfolgt zu werden.**

Він чітко показав Баку, що має намір за ним стежити.

**Sie rannten Seite an Seite durch die Dämmerung.**

Вони бігли пліч-о-пліч крізь сутінковий морок.

**Sie folgten dem Bachbett hinauf in die felsige Schlucht.**

Вони йшли руслом струмка вгору в скелясту ущелину.

**Sie überquerten eine kalte Wasserscheide, wo der Bach entsprungen war.**

Вони перетнули холодну вододіл, де починався потік.

**Am gegenüberliegenden Hang fanden sie ausgedehnte Wälder und viele Bäche.**

На дальньому схилі вони знайшли широкий ліс і багато струмків.

**Durch dieses weite Land rannten sie stundenlang ohne Pause.**

Через цю неосяжну землю вони бігли годинами без зупинки.

**Die Sonne stieg höher, die Luft wurde wärmer, aber sie rannten weiter.**

Сонце піднялося вище, повітря потеплішало, але вони бігли далі.

**Buck war voller Freude – er wusste, dass er seiner Berufung folgte.**

Бак був сповнений радості — він знав, що відповідає на своє покликання.

**Er rannte neben seinem Waldbruder her, näher an die Quelle des Rufs.**

Він біг поруч зі своїм лісовим братом, ближче до джерела поклику.

**Alte Gefühle kehrten zurück, stark und schwer zu ignorieren.**

Старі почуття повернулися, сильні та важкі для ігнорування.

**Dies waren die Wahrheiten hinter den Erinnerungen aus seinen Träumen.**

Це була правда, що стояла за спогадами з його снів.

**All dies hatte er schon einmal in einer fernen, schattenhaften Welt getan.**

Він уже робив усе це раніше у далекому й тіньовому світі.

**Jetzt tat er es wieder und rannte wild herum, während der Himmel über ihm frei war.**

Тепер він знову це зробив, шалено бігаючи під відкритим небом угорі.

**Sie hielten an einem Bach an, um aus dem kalten, fließenden Wasser zu trinken.**

Вони зупинилися біля струмка, щоб напитися холодної проточної води.

**Während er trank, erinnerte sich Buck plötzlich an John Thornton.**

Поки Бак пив, він раптом згадав про Джона Торнтона.

**Er saß schweigend da, hin- und hergerissen zwischen der Anziehungskraft der Loyalität und der Berufung.**

Він мовчки сів, розриваючись між вірністю та покликанням.

**Der Wolf trabte weiter, kam aber zurück, um Buck anzutreiben.**

Вовк побіг далі риссю, але повернувся, щоб підштовхнути Бака вперед.

**Er rümpfte die Nase und versuchte, ihn mit sanften Gesten zu beruhigen.**

Він понюхав носом і спробував умовити його м'якими жестами.

**Aber Buck drehte sich um und machte sich auf den Rückweg.**

Але Бак розвернувся і пішов назад тим самим шляхом, яким прийшов.

**Der Wolf lief lange Zeit neben ihm her und winselte leise.**

Вовк довго біг поруч з ним, тихо скиглячи.

**Dann setzte er sich hin, hob die Nase und stieß ein langes Heulen aus.**

Потім він сів, задер носа і протяжно завив.

**Es war ein trauriger Schrei, der leiser wurde, als Buck wegging.**

Це був тужливий крик, який стихав, коли Бак відходив.

**Buck lauschte, als der Schrei langsam in der Stille des Waldes verklang.**

Бак прислухався, як звук крику повільно затих у лісовій тиші.

**John Thornton aß gerade zu Abend, als Buck ins Lager stürmte.**

Джон Торнтон саме вечеряв, коли Бак увірвався до табору.

**Buck sprang wild auf ihn zu, leckte, biss und warf ihn um.**

Бак шалено стрибнув на нього, облизуючи, кусаючи та перекидаючи його.

**Er warf ihn um, kletterte darauf und küsste sein Gesicht.**

Він збив його з ніг, виліз наверх і поцілував його в обличчя.

**Thornton nannte dies liebevoll „den allgemeinen Narren spielen".**

Торнтон з ніжністю називав це «гранням у дурня».

**Die ganze Zeit verfluchte er Buck sanft und schüttelte ihn hin und her.**

Весь цей час він ніжно лаяв Бака та тряс його туди-сюди.

**Zwei ganze Tage und Nächte lang verließ Buck das Lager kein einziges Mal.**

Протягом двох цілих днів і ночей Бак жодного разу не виходив з табору.

**Er blieb in Thorntons Nähe und ließ ihn nie aus den Augen.**

Він тримався близько до Торнтона і ніколи не випускав його з поля зору.

**Er folgte ihm bei der Arbeit und beobachtete ihn beim Essen.**

Він слідував за ним, коли той працював, і спостерігав, поки той їв.

**Er begleitete Thornton abends in seine Decken und jeden Morgen wieder heraus.**

Він бачив Торнтона вночі, закутаного в ковдри, і щоранку, коли той виходив.

**Doch bald kehrte der Ruf des Waldes zurück, lauter als je zuvor.**

Але невдовзі лісовий поклик повернувся, голосніший, ніж будь-коли раніше.

**Buck wurde wieder unruhig, aufgewühlt von Gedanken an den wilden Wolf.**

Бак знову занепокоївся, схвильований думками про дикого вовка.

**Er erinnerte sich an das offene Land und daran, wie sie Seite an Seite gelaufen waren.**

Він пам'ятав відкриту місцевість і біг пліч-о-пліч.

**Er begann erneut, allein und wachsam in den Wald zu wandern.**

Він знову почав блукати лісом, сам і пильний.

**Aber der wilde Bruder kam nicht zurück und das Heulen war nicht zu hören.**

Але дикий брат не повернувся, і виття не було чути.

**Buck begann, draußen zu schlafen und blieb tagelang weg.**

Бак почав спати надворі, не маючи його цілими днями.

**Einmal überquerte er die hohe Wasserscheide, wo der Bach entsprungen war.**

Одного разу він перетнув високий вододіл, де починався струмок.

**Er betrat das Land des dunklen Waldes und der breiten, fließenden Ströme.**

Він увійшов у край темних лісів та широких потоків.

**Eine Woche lang streifte er umher und suchte nach Spuren seines wilden Bruders.**

Протягом тижня він блукав, шукаючи сліди дикого брата.

**Er tötete sein eigenes Fleisch und reiste mit langen, unermüdlichen Schritten.**

Він забивав власну м'ясо та мандрував довгими, невтомними кроками.

**Er fischte in einem breiten Fluss, der bis ins Meer reichte, nach Lachs.**

Він ловив лосося в широкій річці, яка сягала моря.

**Dort kämpfte er gegen einen von Insekten verrückt gewordenen Schwarzbären und tötete ihn.**

Там він бився і вбив чорного ведмедя, розлюченого комахами.

**Der Bär war beim Angeln und rannte blind durch die Bäume.**

Ведмідь ловив рибу і наосліп біг по деревах.

**Der Kampf war erbittert und weckte Bucks tiefen Kampfgeist.**

Битва була запеклою, пробудивши глибокий бойовий дух Бака.

**Als Buck zwei Tage später zurückkam, fand er Vielfraße an seiner Beute vor.**

Через два дні Бак повернувся і знайшов росомах на місці своєї здобичі.

**Ein Dutzend von ihnen stritten sich lautstark und wütend um das Fleisch.**

Кілька з них у гучній люті сварилися через м'ясо.

**Buck griff an und zerstreute sie wie Blätter im Wind.**

Бак кинувся в атаку та розвіяв їх, немов листя на вітрі.

**Zwei Wölfe blieben zurück – still, leblos und für immer regungslos.**

Два вовки залишилися позаду — мовчазні, безжиттєві та нерухомі назавжди.

**Der Blutdurst wurde stärker denn je.**

Жага крові стала сильнішою, ніж будь-коли.

**Buck war ein Jäger, ein Killer, der sich von Lebewesen ernährte.**

Бак був мисливцем, убивцею, який харчувався живими істотами.

**Er überlebte allein und verließ sich auf seine Kraft und seine scharfen Sinne.**

Він вижив сам, покладаючись на свою силу та гостре чуття.

**Er gedieh in der Wildnis, wo nur die Zähesten überleben konnten.**

Він процвітав у дикій природі, де могли жити лише найвитриваліші.

**Daraus erwuchs ein großer Stolz, der Bucks ganzes Wesen erfüllte.**

Від цього піднялася величезна гордість і сповнила всю істоту Бака.

**Sein Stolz war in jedem seiner Schritte und in der Anspannung jedes einzelnen Muskels zu erkennen.**

Його гордість проявлялася в кожному кроці, у зворушенні кожного м'яза.

**Sein Stolz war so deutlich wie seine Sprache und spiegelte sich in seiner Haltung wider.**

Його гордість була очевидна, як слово, що видно було з того, як він себе поводив.

**Sogar sein dickes Fell sah majestätischer aus und glänzte heller.**

Навіть його густе пальто виглядало величніше та сяяло яскравіше.

**Man hätte Buck mit einem riesigen Timberwolf verwechseln können.**

Бака могли сплутати з велетенський лісовий вовк.

**Außer dem Braun an seiner Schnauze und den Flecken über seinen Augen.**

За винятком коричневого кольору на морді та плям над очима.

**Und der weiße Fellstreifen, der mitten auf seiner Brust verlief.**

І біла смуга хутра, що тягнулася посередині його грудей.

**Er war sogar größer als der größte Wolf dieser wilden Rasse.**

Він був навіть більший за найбільшого вовка тієї лютої породи.

**Sein Vater, ein Bernhardiner, verlieh ihm Größe und einen schweren Körperbau.**

Його батько, сенбернар, дав йому розміри та міцну статуру.

**Seine Mutter, eine Schäferin, formte diesen Körper zu einer wolfsähnlichen Gestalt.**

Його мати, пастушка, надала цій туші вовкоподібну форму.

**Er hatte die lange Schnauze eines Wolfes, war allerdings schwerer und breiter.**

У нього була довга вовча морда, хоча й важча та ширша.

**Sein Kopf war der eines Wolfes, aber von massiver, majestätischer Gestalt.**

Його голова була вовчою, але масивної, величної статури.

**Bucks List war die List des Wolfes und der Wildnis.**

Хитрість Бака була хитрістю вовка та дикої природи.

**Seine Intelligenz hat er sowohl vom Deutschen Schäferhund als auch vom Bernhardiner.**

Його інтелект походив як від німецької вівчарки, так і від сенбернара.

**All dies und harte Erfahrungen machten ihn zu einer furchterregenden Kreatur.**

Все це, плюс суворий досвід, зробило його грізною істотою.

**Er war so furchterregend wie jedes andere Tier, das in der Wildnis des Nordens umherstreifte.**

Він був таким же грізним, як і будь-який звір, що бродив північною дикістю.

**Buck ernährte sich ausschließlich von Fleisch und erreichte den Höhepunkt seiner Kraft.**

Живучи лише м'ясом, Бак досяг повного піку своєї сили.

**Jede Faser seines Körpers strotzte vor Kraft und männlicher Stärke.**

Він переповнював силу та чоловічу силу кожною своєю клітиною.

**Als Thornton seinen Rücken streichelte, funkelten seine Haare vor Energie.**

Коли Торнтон погладив його по спині, волосся заіскрилося енергією.

**Jedes Haar knisterte, aufgeladen durch die Berührung lebendigen Magnetismus.**

Кожна волосинка потріскувала, заряджена дотиком живого магнетизму.

**Sein Körper und sein Gehirn waren auf die höchstmögliche Tonhöhe eingestellt.**

Його тіло і мозок були налаштовані на найтонший можливий звук.

**Jeder Nerv, jede Faser und jeder Muskel arbeitete in perfekter Harmonie.**

Кожен нерв, волокно та м'яз працювали в ідеальній гармонії.

**Auf jedes Geräusch oder jeden Anblick, der eine Aktion erforderte, reagierte er sofort.**

На будь-який звук чи образ, що вимагав дії, він реагував миттєво.

**Wenn ein Husky zum Angriff ansetzte, konnte Buck doppelt so schnell springen.**

Якби хаскі стрибнув для атаки, Бак міг би стрибнути вдвічі швидше.

**Er reagierte schneller, als andere es sehen oder hören konnten.**

Він відреагував швидше, ніж інші могли його побачити чи почути.

**Wahrnehmung, Entscheidung und Handlung erfolgten alle in einem fließenden Moment.**

Сприйняття, рішення та дія з'явилися в один плавний момент.

**Tatsächlich geschahen diese Handlungen getrennt voneinander, aber zu schnell, um es zu bemerken.**

Насправді, ці дії були окремими, але надто швидкими, щоб їх помітити.

**Die Abstände zwischen diesen Akten waren so kurz, dass sie wie ein einziger Akt wirkten.**

Проміжки між цими діями були настільки короткими, що вони здавалися одним цілим.

**Seine Muskeln und sein Körper waren wie straff gespannte Federn.**

Його м'язи та тіло були схожі на туго натягнуті пружини.

**Sein Körper strotzte vor Leben, wild und freudig in seiner Kraft.**

Його тіло вирувало життям, дике та радісне у своїй силі.

**Manchmal hatte er das Gefühl, als würde die Kraft völlig aus ihm herausbrechen.**

Часом йому здавалося, що вся ця сила ось-ось вирветься з нього повністю.

**„So einen Hund hat es noch nie gegeben", sagte Thornton eines ruhigen Tages.**

«Ніколи не було такого собаки», — сказав Торнтон одного тихого дня.

**Die Partner sahen zu, wie Buck stolz aus dem Lager schritt.**

Партнери спостерігали, як Бак гордо крокував з табору.

**„Als er erschaffen wurde, veränderte er, was ein Hund sein kann", sagte Pete.**

«Коли його створили, він змінив те, ким може бути собака», — сказав Піт.

**„Bei Gott! Das glaube ich auch", stimmte Hans schnell zu.**

«Боже мій! Я й сам так думаю», — швидко погодився Ганс.

**Sie sahen ihn abmarschieren, aber nicht die Veränderung, die danach kam.**

Вони бачили, як він відійшов, але не бачили зміни, яка сталася потім.

**Sobald er den Wald betrat, verwandelte sich Buck völlig.**

Щойно Бак увійшов до лісу, він повністю перетворився.

Er marschierte nicht mehr, sondern bewegte sich wie ein wilder Geist zwischen den Bäumen.

Він більше не крокував, а рухався, як дикий привид серед дерев.

Er wurde still, katzenpfotenartig, ein Flackern, das durch die Schatten huschte.

Він замовк, ступаючи, як котячі ноги, немов проблиск крізь тіні.

Er nutzte die Deckung geschickt und kroch wie eine Schlange auf dem Bauch.

Він вміло користувався укриттям, повзаючи на животі, як змія.

Und wie eine Schlange konnte er lautlos nach vorne springen und zuschlagen.

І, як змія, він міг стрибнути вперед і вдарити безшумно.

Er könnte ein Schneehuhn direkt aus seinem versteckten Nest stehlen.

Він міг вкрасти куріпку прямо з її захованого гнізда.

Er tötete schlafende Kaninchen, ohne ein einziges Geräusch zu machen.

Він убивав сплячих кроликів без жодного звуку.

Er konnte Streifenhörnchen mitten in der Luft fangen, wenn sie zu langsam flohen.

Він міг ловити бурундуків у повітрі, коли ті тікали надто повільно.

Selbst Fische in Teichen konnten seinen plötzlichen Angriffen nicht entkommen.

Навіть риба в калюжах не могла уникнути його раптових ударів.

Nicht einmal schlaue Biber, die Dämme reparierten, waren vor ihm sicher.

Навіть розумні бобри, що лагодили дамби, не були від нього в безпеці.

Er tötete, um Nahrung zu bekommen, nicht zum Spaß – aber seine eigene Beute gefiel ihm am besten.

Він вбивав заради їжі, а не заради розваги, але найбільше любив власні вбивства.

**Dennoch war bei manchen seiner stillen Jagden ein hintergründiger Humor spürbar.**

І все ж, деякі з його мовчазних полювань пронизували лукаві почуття.

**Er schlich sich dicht an Eichhörnchen heran, ließ sie aber dann entkommen.**

Він підкрався близько до білок, але дав їм втекти.

**Sie wollten in die Bäume fliehen und schnatterten voller Angst und Empörung.**

Вони збиралися втекти до дерев, галасуючи від жахливого обурення.

**Mit dem Herbst kamen immer mehr Elche.**

З настанням осені лосі почали з'являтися у більшій кількості.

**Sie zogen langsam in die tiefer gelegenen Täler, um dem Winter entgegenzukommen.**

Вони повільно просувалися в низькі долини, щоб зустріти зиму.

**Buck hatte bereits ein junges, streunendes Kalb erlegt.**

Бак уже встиг збити одне молоде, безпритульне теля.

**Doch er sehnte sich danach, einer größeren, gefährlicheren Beute gegenüberzutreten.**

Але він прагнув зіткнутися з більшою, небезпечнішою здобиччю.

**Eines Tages fand er an der Wasserscheide, an der Quelle des Baches, seine Chance.**

Одного дня на вододілі, біля витоків струмка, він знайшов свій шанс.

**Eine Herde von zwanzig Elchen war aus bewaldeten Gebieten herübergekommen.**

Стадо з двадцяти лосів перейшло з лісистих угідь.

**Unter ihnen war ein mächtiger Stier, der Anführer der Gruppe.**

Серед них був могутній бик; ватажок групи.

**Der Bulle war über ein Meter achtzig Meter groß und sah grimmig und wild aus.**

Бик сягав понад шість футів на зріст і виглядав лютим та диким.

**Er warf sein breites Geweih hin und her, dessen vierzehn Enden sich nach außen verzweigten.**

Він розкинув свої широкі роги, чотирнадцять кінчиків яких розгалужувалися назовні.

**Die Spitzen dieser Geweihe hatten einen Durchmesser von sieben Fuß.**

Кінчики цих рогів простягалися на сім футів завширшки.

**Seine kleinen Augen brannten vor Wut, als er Buck in der Nähe entdeckte.**

Його маленькі очі палали люттю, коли він помітив Бака неподалік.

**Er stieß ein wütendes Brüllen aus und zitterte vor Wut und Schmerz.**

Він видав лютий рев, тремтячи від люті та болю.

**Nahe seiner Flanke ragte eine gefiederte und scharfe Pfeilspitze hervor.**

Біля його бока стирчав кінець стріли, оперений та гострий.

**Diese Wunde trug dazu bei, seine wilde, verbitterte Stimmung zu erklären.**

Ця рана допомагала пояснити його дикий, озлоблений настрій.

**Buck, geleitet von seinem uralten Jagdinstinkt, machte seinen Zug.**

Бак, керований давнім мисливським інстинктом, зробив свій хід.

**Sein Ziel war es, den Bullen vom Rest der Herde zu trennen.**

Він мав на меті відокремити бика від решти стада.

**Dies war keine leichte Aufgabe – es erforderte Schnelligkeit und messerscharfe List.**

Це було нелегке завдання — потрібні були швидкість і люта хитрість.

**Er bellte und tanzte in der Nähe des Stiers, gerade außerhalb seiner Reichweite.**

Він гавкав і танцював біля бика, трохи поза межами досяжності.

**Der Elch stürzte sich mit riesigen Hufen und tödlichem Geweih auf ihn.**

Лось кинувся вперед, використовуючи величезні копита та смертоносні роги.

**Ein Schlag hätte Bucks Leben im Handumdrehen beenden können.**

Один удар міг би вмить обірвати життя Бака.

**Der Stier konnte die Bedrohung nicht hinter sich lassen und wurde wütend.**

Не в змозі залишити загрозу позаду, бик розлютився.

**Er stürmte wütend auf ihn zu, doch Buck entkam ihm jedes Mal.**

Він люто кинувся в атаку, але Бак завжди вислизав.

**Buck täuschte Schwäche vor und lockte ihn weiter von der Herde weg.**

Бак удавав слабкість, відманюючи його далі від стада.

**Doch die jungen Bullen wollten zurückstürmen, um den Anführer zu beschützen.**

Але молоді бики збиралися кинутися у відповідь, щоб захистити лідера.

**Sie zwangen Buck zum Rückzug und den Bullen, sich wieder der Gruppe anzuschließen.**

Вони змусили Бака відступити, а бика — приєднатися до групи.

**In der Wildnis herrscht eine tiefe und unaufhaltsame Geduld.**

У дикій природі панує терпіння, глибоке та нестримне.

**Eine Spinne wartet unzählige Stunden bewegungslos in ihrem Netz.**

Павук нерухомо чекає у своїй павутині незліченну кількість годин.

**Eine Schlange rollt sich ohne zu zucken zusammen und wartet, bis es Zeit ist.**

Змія звивається клубком, не сіпаючись, і чекає, поки настане час.

**Ein Panther liegt auf der Lauer, bis der Moment gekommen ist.**

Пантера чатує в засідці, поки не настане слушний момент.

**Dies ist die Geduld von Raubtieren, die jagen, um zu überleben.**

Це терпіння хижаків, які полюють, щоб вижити.

**Dieselbe Geduld brannte in Buck, als er in seiner Nähe blieb.**

Те саме терпіння палало в Баку, поки він залишався поруч.

**Er blieb in der Nähe der Herde, verlangsamte ihren Marsch und schürte Angst.**

Він тримався біля стада, уповільнюючи його хід і сіяючи страх.

**Er ärgerte die jungen Bullen und schikanierte die Mutterkühe.**

Він дражнив молодих биків і переслідував корів-матерей.

**Er trieb den verwundeten Stier in eine noch tiefere, hilflose Wut.**

Він довів пораненого бика до ще глибшої, безпорадної люті.

**Einen halben Tag lang zog sich der Kampf ohne Pause hin.**

Півдня бій тривав без жодної перерви.

**Buck griff aus jedem Winkel an, schnell und wild wie der Wind.**

Бак атакував з усіх боків, швидкий і лютий, як вітер.

**Er hinderte den Stier daran, sich auszuruhen oder sich bei seiner Herde zu verstecken.**

Він не давав бику відпочити чи сховатися разом зі своїм табуном.

**Buck zermürbte den Willen des Elchs schneller als seinen Körper.**

Бак вимотував волю лося швидше, ніж його тіло.

**Der Tag verging und die Sonne sank tief am nordwestlichen Himmel.**

День минув, і сонце низько опустилося на північно-західному небі.

**Die jungen Bullen kehrten langsamer zurück, um ihrem Anführer zu helfen.**

Молоді бики поверталися повільніше, щоб допомогти своєму ватажку.

**Die Herbstnächte waren zurückgekehrt und die Dunkelheit dauerte nun sechs Stunden.**

Повернулися осінні ночі, і темрява тепер тривала шість годин.

**Der Winter drängte sie bergab in sicherere, wärmere Täler.**

Зима тиснула їх униз, у безпечніші, тепліші долини.

**Aber sie konnten dem Jäger, der sie zurückhielt, immer noch nicht entkommen.**

Але вони все ще не могли втекти від мисливця, який їх стримував.

**Es stand nur ein Leben auf dem Spiel – nicht das der Herde, sondern nur das ihres Anführers.**

На кону було лише одне життя — не життя стада, а лише життя їхнього ватажка.

**Dadurch wurde die Bedrohung in weite Ferne gerückt und ihre dringende Sorge wurde aufgehoben.**

Це робило загрозу далекою та не такою, що їх турбувала нагально.

**Mit der Zeit akzeptierten sie diesen Preis und überließen Buck die Übernahme des alten Bullen.**

З часом вони погодилися на цю ціну і дозволили Баку взяти старого бика.

**Als die Dämmerung hereinbrach, stand der alte Bulle mit gesenktem Kopf da.**

Коли сутінки опустилися, старий бик стояв, опустивши голову.

**Er sah zu, wie die Herde, die er geführt hatte, im schwindenden Licht verschwand.**

Він спостерігав, як стадо, яке він очолював, зникає у згасаючому світлі.

**Es gab Kühe, die er gekannt hatte, Kälber, deren Vater er einst gewesen war.**

Там були корови, яких він знав, телята, яких він колись був батьком.

**Es gab jüngere Bullen, gegen die er in vergangenen Saisons gekämpft und die er beherrscht hatte.**

Були молодші бики, з якими він бився та правив у минулих сезонах.

**Er konnte ihnen nicht folgen, denn vor ihm kauerte Buck wieder.**

Він не міг іти за ними, бо перед ним знову присів Бак.

**Der gnadenlose Schrecken mit den Reißzähnen versperrte ihm jeden Weg.**

Безжальний ікластий жах перегороджував йому кожен шлях.

**Der Bulle brachte mehr als drei Zentner geballte Kraft auf die Waage.**

Бик важив понад три центнери щільної сили.

**Er hatte ein langes Leben geführt und in einer Welt voller Kämpfe hart gekämpft.**

Він прожив довго і наполегливо боровся у світі боротьби.

**Doch nun, am Ende, kam der Tod von einem Tier, das weit unter ihm stand.**

І все ж тепер, зрештою, смерть прийшла від звіра, який був набагато нижчим за нього.

**Bucks Kopf erreichte nicht einmal die riesigen, mit Knöcheln besetzten Knie des Bullen.**

Голова Бака навіть не піднялася до величезних, згорблених колін бика.

**Von diesem Moment an blieb Buck Tag und Nacht bei dem Bullen.**

З того моменту Бак залишався з биком день і ніч.

**Er gönnte ihm keine Ruhe, erlaubte ihm nie zu grasen oder zu trinken.**

Він ніколи не давав йому спокою, ніколи не дозволяв пастися чи пити.

**Der Stier versuchte, junge Birkentriebe und Weidenblätter zu fressen.**

Бик намагався поїсти молоді березові пагони та листя верби.

**Aber Buck verjagte ihn, immer wachsam und immer angreifend.**

Але Бак відігнав його, завжди напоготові та завжди атакуючи.

**Sogar an plätschernden Bächen blockte Buck jeden durstigen Versuch ab.**

Навіть біля струмків, що стікали по дзижчах, Бак блокував кожну спраглу спробу.

**Manchmal floh der Stier aus Verzweiflung mit voller Geschwindigkeit.**

Іноді, у відчаї, бик тікав щодуху.

**Buck ließ ihn laufen und lief ruhig direkt hinter ihm her, nie weit entfernt.**

Бак дозволив йому бігти, він спокійно біг позаду, ніколи не відставав далеко.

**Als der Elch innehielt, legte sich Buck hin, blieb aber bereit.**

Коли лось зупинився, Бак ліг, але залишився напоготові.

**Wenn der Bulle versuchte zu fressen oder zu trinken, schlug Buck mit voller Wut zu.**

Якщо бик намагався їсти чи пити, Бак ударяв з усією люттю.

**Der große Kopf des Stiers sank tiefer unter sein gewaltiges Geweih.**

Величезна голова бика опустилася нижче під його величезними рогами.

**Sein Tempo verlangsamte sich, der Trab wurde schwerfällig, ein stolpernder Schritt.**

Його крок сповільнився, рись стала важкою; повільна хода.

**Er stand oft still mit hängenden Ohren und der Nase am Boden.**

Він часто стояв нерухомо, опустивши вуха та притиснувши носа до землі.

**In diesen Momenten nahm sich Buck Zeit zum Trinken und Ausruhen.**

У ці моменти Бак знаходив час, щоб випити та відпочити.

**Mit heraushängender Zunge und starrem Blick spürte Buck, wie sich das Land veränderte.**

Висунувши язика, втупившись у очі, Бак відчув, як змінюється місцевість.

**Er spürte, wie sich etwas Neues durch den Wald und den Himmel bewegte.**

Він відчув щось нове, що рухалося лісом і небом.

**Mit der Rückkehr der Elche kehrten auch andere Wildtiere zurück.**

Коли повернулися лосі, повернулися й інші дикі істоти.

**Das Land fühlte sich lebendig an, mit einer Präsenz, die man nicht sieht, aber deutlich wahrnimmt.**

Земля ожила своєю присутністю, невидима, але водночас дуже відома.

**Buck wusste dies weder am Geräusch, noch am Anblick oder am Geruch.**

Бак знав це не за звуком, не за зірком, не за запахом.

**Ein tieferes Gefühl sagte ihm, dass neue Kräfte im Gange waren.**

Глибше відчуття підказувало йому, що рухаються нові сили.

**In den Wäldern und entlang der Bäche herrschte seltsames Leben.**

Дивне життя вирувало лісами та вздовж струмків.

**Er beschloss, diesen Geist zu erforschen, nachdem die Jagd beendet war.**

Він вирішив дослідити цього духа після завершення полювання.

**Am vierten Tag erlegte Buck endlich den Elch.**

На четвертий день Бак нарешті збив лося.

**Er blieb einen ganzen Tag und eine ganze Nacht bei der Beute, fraß und ruhte sich aus.**

Він залишався біля здобичі цілий день і ніч, годуючи та відпочиваючи.

**Er aß, schlief dann und aß dann wieder, bis er stark und satt war.**

Він їв, потім спав, потім знову їв, доки не зміцнів і не наситився.

**Als er fertig war, kehrte er zum Lager und nach Thornton zurück.**

Коли він був готовий, він повернувся до табору та Торнтона.

**Mit gleichmäßigem Tempo begann er die lange Heimreise.**

Рівномірним кроком він розпочав довгу зворотну подорож додому.

**Er rannte in seinem unermüdlichen Galopp Stunde um Stunde, ohne auch nur ein einziges Mal vom Weg abzukommen.**

Він невтомно біг, година за годиною, ні разу не збившись з дороги.

**Durch unbekannte Länder bewegte er sich schnurgerade wie eine Kompassnadel.**

Крізь невідомі землі він рухався прямолінійно, як стрілка компаса.

**Sein Orientierungssinn ließ Mensch und Karte im Vergleich schwach erscheinen.**

Його відчуття напрямку робило людину та карту слабкими в порівнянні.

**Während Buck rannte, spürte er die Bewegung in der Wildnis stärker.**

Коли Бак біг, він дедалі сильніше відчував ворух у дикій місцевості.

**Es war eine neue Art zu leben, anders als in den ruhigen Sommermonaten.**

Це було нове життя, не схоже на життя тихих літніх місяців.

**Dieses Gefühl kam nicht länger als subtile oder entfernte Botschaft.**

Це відчуття більше не приходило як ледь помітне чи віддалене послання.

**Nun sprachen die Vögel von diesem Leben und Eichhörnchen plapperten darüber.**

Тепер птахи говорили про це життя, а білки цокали про нього.

**Sogar die Brise flüsterte Warnungen durch die stillen Bäume.**

Навіть вітерець шепотів попередження крізь мовчазні дерева.

**Mehrmals blieb er stehen und schnupperte die frische Morgenluft.**

Кілька разів він зупинявся і вдихав свіже ранкове повітря.

**Dort las er eine Nachricht, die ihn schneller nach vorne springen ließ.**

Він прочитав там повідомлення, яке змусило його швидше стрибнути вперед.

**Ein starkes Gefühl der Gefahr erfüllte ihn, als wäre etwas schiefgelaufen.**

Його охопило важке відчуття небезпеки, ніби щось пішло не так.

**Er befürchtete, dass ein Unglück bevorstünde – oder bereits eingetreten war.**

Він боявся, що лихо наближається — або вже настало.

**Er überquerte den letzten Bergrücken und betrat das darunterliegende Tal.**

Він перетнув останній хребет і увійшов у долину внизу.

**Er bewegte sich langsamer und war bei jedem Schritt aufmerksamer und vorsichtiger.**

Він рухався повільніше, пильніше та обережніше з кожним кроком.

**Drei Meilen weiter fand er eine frische Spur, die ihn erstarren ließ.**

За три милі він знайшов свіжий слід, який змусив його заціпеніти.

**Die Haare in seinem Nacken stellten sich auf und sträubten sich vor Schreck.**

Волосся на його шиї стало дибки та хвилястим від тривоги.

**Die Spur führte direkt zum Lager, wo Thornton wartete.**

Стежка вела прямо до табору, де чекав Торнтон.

**Buck bewegte sich jetzt schneller, seine Schritte waren lautlos und schnell zugleich.**

Бак тепер рухався швидше, його кроки були водночас безшумними та швидкими.

**Seine Nerven lagen blank, als er Zeichen las, die andere übersehen würden.**

Його нерви напружилися, коли він побачив ознаки, які інші пропустять.

**Jedes Detail der Spur erzählte eine Geschichte – außer dem letzten Stück.**

Кожна деталь на стежці розповідала історію, окрім останньої.

**Seine Nase erzählte ihm von dem Leben, das hier vorbeigezogen war.**

Його ніс розповідав йому про життя, що минуло тут.

**Der Duft vermittelte ihm ein wechselndes Bild, als er dicht hinter ihm folgte.**

Запах змінював його картину, коли він йшов одразу за ними.

**Doch im Wald selbst war es still geworden, unnatürlich still.**

Але сам ліс затих; він був неприродно нерухомий.

**Die Vögel waren verschwunden, die Eichhörnchen hatten sich versteckt, waren still und ruhig.**

Птахи зникли, білки сховалися, мовчазні та нерухомі.

**Er sah nur ein einziges Grauhörnchen, das flach auf einem toten Baum lag.**

Він побачив лише одну сіру білку, що лежала на мертвому дереві.

**Das Eichhörnchen fügte sich steif und reglos in den Wald ein.**

Білка злилася з натовпом, заціпеніла та нерухома, ніби частина лісу.

**Buck bewegte sich wie ein Schatten, lautlos und sicher durch die Bäume.**

Бак рухався, як тінь, безшумно та впевнено, крізь дерева.

**Seine Nase zuckte zur Seite, als würde sie von einer unsichtbaren Hand gezogen.**

Його ніс смикнувся вбік, ніби його смикнула невидима рука.

**Er drehte sich um und folgte der neuen Spur tief in ein Dickicht hinein.**

Він повернувся і пішов за новим запахом глибоко в хащі.

**Dort fand er Nig tot daliegend, von einem Pfeil durchbohrt.**

Там він знайшов Ніга, що лежав мертвим, пронизаним стрілою.

**Der Schaft durchdrang seinen Körper, die Federn waren noch zu sehen.**

Стріла пройшла крізь його тіло, пір'я все ще було видно.

**Nig hatte sich dorthin geschleppt, war jedoch gestorben, bevor er Hilfe erreichen konnte.**

Ніг дотягнувся туди сам, але помер, не дочекавшись допомоги.

**Hundert Meter weiter fand Buck einen weiteren Schlittenhund.**

За сто ярдів далі Бак знайшов ще одного їздового собаку.

**Es war ein Hund, den Thornton in Dawson City gekauft hatte.**

Це був собака, якого Торнтон купив ще в Доусон-Сіті.

**Der Hund befand sich in einem tödlichen Kampf und schlug heftig auf dem Weg um sich.**

Собака щосили бився на стежці, борсаючись на смертельній небезпеці.

**Buck ging um ihn herum, blieb nicht stehen und richtete den Blick nach vorne.**

Бак обійшов його, не зупиняючись, втупившись уперед.

**Aus Richtung des Lagers ertönte in der Ferne ein rhythmischer Gesang.**

З боку табору долинав далекий ритмічний спів.

**Die Stimmen schwoll in einem seltsamen, unheimlichen Singsangton an und ab.**

Голоси піднімалися та стихали дивним, моторошним, співучим тоном.

**Buck kroch schweigend zum Rand der Lichtung.**

Бак мовчки повз до краю галявини.

**Dort sah er Hans mit dem Gesicht nach unten liegen, von vielen Pfeilen durchbohrt.**

Там він побачив Ганса, що лежав обличчям донизу, пронизаного безліччю стріл.

**Sein Körper sah aus wie der eines Stachelschweins und war mit gefiederten Schäften bestückt.**

Його тіло було схоже на дикобраза, вкрите пір'ям.

**Im selben Moment blickte Buck in Richtung der zerstörten Hütte.**

Тієї ж миті Бак подивився в бік зруйнованої хатини.

**Bei diesem Anblick stellten sich ihm die Nacken- und Schulterhaare auf.**

Від цього видовища волосся стало дибки на його шиї та плечах.

**Ein Sturm wilder Wut durchfuhr Bucks ganzen Körper.**

Буря дикої люті прокотилася по всьому тілу Бака.

**Er knurrte laut, obwohl er nicht wusste, dass er es getan hatte.**

Він голосно загарчав, хоча й не знав, що це сталося.

**Der Klang war rau, erfüllt von furchterregender, wilder Wut.**

Звук був сирим, сповненим жахливої, дикунської люті.

**Zum letzten Mal in seinem Leben verlor Buck den Verstand und die Gefühle.**

Востаннє у своєму житті Бак втратив розум для емоцій.

**Es war die Liebe zu John Thornton, die seine sorgfältige Kontrolle brach.**

Саме кохання до Джона Торнтона порушило його ретельне самовладання.

**Die Yeehats tanzten um die zerstörte Fichtenhütte.**

Йіхати танцювали навколо зруйнованого ялинового будиночка.

**Dann ertönte ein Brüllen – und ein unbekanntes Tier stürmte auf sie zu.**

Потім пролунав рев — і невідомий звір кинувся на них.

**Es war Buck, eine aufbrausende Furie, ein lebendiger Sturm der Rache.**

Це був Бак; лють у русі; жива буря помсти.

**Wahnsinnig vor Tötungsdrang stürzte er sich mitten unter sie.**

Він кинувся до них, божевільний від бажання вбивати.

**Er sprang auf den ersten Mann, den Yeehat-Häuptling, und traf zielsicher.**

Він стрибнув на першого чоловіка, вождя йехатів, і вдарив прямо в ціль.

**Seine Kehle war aufgerissen und Blut spritzte in einem Strom.**

Його горло було розірване, і кров хлинула струмком.

**Buck blieb nicht stehen, sondern riss dem nächsten Mann mit einem Sprung die Kehle durch.**

Бак не зупинився, а одним стрибком розірвав горло наступному чоловікові.

**Er war nicht aufzuhalten – er riss, schlug und machte nie eine Pause, um sich auszuruhen.**

Він був невпинний — рвів, рубав, ніколи не зупинявся на відпочинок.

**Er schoss und sprang so schnell, dass ihre Pfeile ihn nicht treffen konnten.**

Він кинувся та стрибнув так швидко, що їхні стріли не могли його зачепити.

**Die Yeehats waren in ihrer eigenen Panik und Verwirrung gefangen.**

Їхати були охоплені власною панікою та розгубленістю.

**Ihre Pfeile verfehlten Buck und trafen stattdessen einander.**

Їхні стріли промахнулися невдало, а влучили одна в одну.

**Ein Jugendlicher warf einen Speer nach Buck und traf einen anderen Mann.**

Один юнак кинув спис у Бака та вдарив іншого чоловіка.

**Der Speer durchbohrte seine Brust und die Spitze durchbohrte seinen Rücken.**

Спис пронизав його груди, вістря вибило спину.

**Die Yeehats wurden von Panik erfasst und zogen sich umgehend zurück.**

Жах охопив йіхатів, і вони почали повністю відступати.

**Sie schrien vor dem bösen Geist und flohen in die Schatten des Waldes.**

Вони закричали, накричавши на Злого Духа, і втекли в лісові тіні.

**Buck war wirklich wie ein Dämon, als er die Yeehats jagte.**

Справді, Бак був схожий на демона, коли переслідував Йіхатів.

**Er raste hinter ihnen durch den Wald her und erlegte sie wie Rehe.**

Він мчав за ними крізь ліс, збиваючи їх з ніг, немов оленів.

**Für die verängstigten Yeehats wurde es ein Tag des Schicksals und des Terrors.**

Це став день долі та жаху для переляканих йіхатів.

**Sie zerstreuten sich über das Land und flohen in alle Richtungen.**

Вони розбіглися по всій землі, тікаючи в усіх напрямках.

**Eine ganze Woche verging, bevor sich die letzten Überlebenden in einem Tal trafen.**

Минув цілий тиждень, перш ніж останні вижили зустрілися в долині.

**Erst dann zählten sie ihre Verluste und sprachen über das Geschehene.**

Тільки тоді вони підрахували свої втрати та розповіли про те, що сталося.

**Nachdem Buck die Jagd satt hatte, kehrte er zum zerstörten Lager zurück.**

Бак, втомившись від погоні, повернувся до зруйнованого табору.

**Er fand Pete, noch in seine Decken gehüllt, getötet beim ersten Angriff.**

Він знайшов Піта, все ще в ковдрах, убитим під час першого нападу.

**Spuren von Thorntons letztem Kampf waren im Dreck in der Nähe zu sehen.**

Сліди останньої боротьби Торнтона були позначені на землі неподалік.

**Buck folgte jeder Spur und erschnüffelte jede Markierung bis zum letzten Punkt.**

Бак пройшов кожен слід, обнюхуючи кожну позначку до останньої точки.

**Am Rand eines tiefen Teichs fand er den treuen Skeet, der still dalag.**

На краю глибокої ставкової затоки він знайшов вірного Скіта, який лежав нерухомо.

**Skeets Kopf und Vorderpfoten lagen regungslos im Wasser, er lag tot da.**

Голова та передні лапи Скіта були у воді, нерухомі, як смерть.

**Der Teich war schlammig und durch das Abwasser aus den Schleusenkästen verunreinigt.**

Басейн був каламутний і забруднений стоками зі шлюзових коробок.

**Seine trübe Oberfläche verbarg, was darunter lag, aber Buck kannte die Wahrheit.**

Його хмарна поверхня приховувала те, що лежало під нею, але Бак знав правду.

**Er folgte Thorntons Spur bis in den Pool – doch die Spur führte nirgendwo anders hin.**

Він відстежив запах Торнтона аж до басейну, але запах більше нікуди не вів.

**Es gab keinen Geruch, der hinausführte – nur die Stille des tiefen Wassers.**

Не було чути жодного запаху — лише тиша глибокої води.

**Den ganzen Tag blieb Buck in der Nähe des Teichs und ging voller Trauer im Lager auf und ab.**

Весь день Бак провів біля ставу, сумуючи табором.

**Er wanderte ruhelos umher oder saß regungslos da, in tiefe Gedanken versunken.**

Він неспокійно блукав або сидів нерухомо, заглиблений у важкі думки.

**Er kannte den Tod, das Ende des Lebens, das Verschwinden aller Bewegung.**

Він знав смерть; кінець життя; зникнення будь-якого руху.

**Er verstand, dass John Thornton weg war und nie wieder zurückkehren würde.**

Він розумів, що Джона Торнтона більше немає і він ніколи не повернеться.

**Der Verlust hinterließ eine Leere in ihm, die wie Hunger pochte.**

Втрата залишила в ньому порожнечу, що пульсувала, немов голод.

**Doch dieser Hunger konnte durch Essen nicht gestillt werden, egal, wie viel er aß.**

Але це був голод, який їжа не могла вгамувати, скільки б він не їв.

**Manchmal, wenn er die toten Yeehats ansah, ließ der Schmerz nach.**

Часом, коли він дивився на мертвих йіхатів, біль зникав.

**Und dann stieg ein seltsamer Stolz in ihm auf, wild und vollkommen.**

І тоді всередині нього піднялася дивна гордість, люта та безмежна.

**Er hatte den Menschen getötet, das höchste und gefährlichste Wild von allen.**

Він убив людину, це була найвища та найнебезпечніша дичина з усіх.

**Er hatte unter Missachtung des alten Gesetzes von Keule und Reißzahn getötet.**

Він убив, порушуючи стародавній закон палиці та ікла.

**Buck schnüffelte neugierig und nachdenklich an ihren leblosen Körpern.**

Бак обнюхав їхні безжиттєві тіла, з цікавістю та задумою.

**Sie waren so leicht gestorben – viel leichter als ein Husky in einem Kampf.**

Вони померли так легко — набагато легше, ніж хаскі в бійці.

**Ohne ihre Waffen waren sie weder wirklich stark noch stellten sie eine Bedrohung dar.**

Без зброї вони не мали справжньої сили чи загрози.

**Buck würde sie nie wieder fürchten, es sei denn, sie wären bewaffnet.**

Бак більше ніколи їх не боятиметься, хіба що вони будуть озброєні.

**Nur wenn sie Keulen, Speere oder Pfeile trugen, war er vorsichtig.**

Він був обережним лише тоді, коли вони носили палиці, списи чи стріли.

**Die Nacht brach herein und ein Vollmond stieg hoch über die Baumwipfel.**

Настала ніч, і повний місяць зійшов високо над верхівками дерев.

**Das blasse Licht des Mondes tauchte das Land in einen sanften, geisterhaften Schein wie am Tag.**

Бліде світло місяця заливало землю м'яким, примарним сяйвом, подібним до денного.

**Als die Nacht hereinbrach, trauerte Buck noch immer am stillen Teich.**

Коли ніч згущалася, Бак все ще сумував біля мовчазної ставкової затоки.

**Dann bemerkte er eine andere Regung im Wald.**

Потім він почув якийсь інший шепіт у лісі.

**Die Aufregung kam nicht von den Yeehats, sondern von etwas Älterem und Tieferem.**

Ворушіння йшло не від Йіхатів, а від чогось давнішого та глибшого.

**Er stand auf, spitzte die Ohren und prüfte vorsichtig mit der Nase die Brise.**

Він підвівся, задерши вуха, обережно принюхавшись носом до вітерця.

**Aus der Ferne ertönte ein schwacher, scharfer Aufschrei, der die Stille durchbrach.**

Здалеку долинув слабкий, різкий крик, що прорізав тишу.

**Dann folgte dicht auf den ersten ein Chor ähnlicher Schreie.**

Потім одразу за першим пролунав хор подібних криків.

**Das Geräusch kam näher und wurde mit jedem Augenblick lauter.**

Звук наближався, з кожною миттю ставав голоснішим.

**Buck kannte diesen Schrei – er kam aus dieser anderen Welt in seiner Erinnerung.**

Бак знав цей крик — він лунав з того іншого світу в його пам'яті.

**Er ging in die Mitte des offenen Platzes und lauschte aufmerksam.**

Він підійшов до центру відкритого простору й уважно прислухався.

**Der Ruf ertönte vielstimmig und kraftvoller denn je.**

Дзвінок пролунав, багатоголосний і потужніший, ніж будь-коли.

**Und jetzt war Buck mehr denn je bereit, seiner Berufung zu folgen.**

І тепер, як ніколи раніше, Бак був готовий відповісти на своє покликання.

**John Thornton war tot und hatte keine Bindung mehr an die Menschheit.**

Джон Торнтон помер, і в ньому не залишилося жодного зв'язку з людиною.

**Der Mensch und alle menschlichen Ansprüche waren verschwunden – er war endlich frei.**

Людина і всі людські претензії зникли — він нарешті став вільним.

**Das Wolfsrudel jagte Fleisch, wie es einst die Yeehats getan hatten.**

Вовча зграя ганялася за м'ясом, як колись йіхати.

**Sie waren Elchen aus den Waldgebieten gefolgt.**

Вони переслідували лосів з лісистих угідь.

**Nun überquerten sie, wild und hungrig nach Beute, sein Tal.**

Тепер, дикі та спраглі здобичі, вони перейшли в його долину.

**Sie kamen auf die mondbeschienene Lichtung und flossen wie silbernes Wasser.**

На залиту місячним сяйвом галявину вони вийшли, течучи, немов срібна вода.

**Buck stand regungslos in der Mitte und wartete auf sie.**

Бак стояв нерухомо посеред, чекаючи на них.

Seine ruhige, große Präsenz versetzte das Rudel in Erstaunen und ließ es kurz verstummen.

Його спокійна, велика присутність приголомшила зграю, і вона на мить змусила її мовчати.

Dann sprang der kühnste Wolf ohne zu zögern direkt auf ihn zu.

Тоді найсміливіший вовк без вагань стрибнув прямо на нього.

Buck schlug schnell zu und brach dem Wolf mit einem einzigen Schlag das Genick.

Бак завдав швидкого удару та зламав вовкові шию одним ударом.

Er stand wieder regungslos da, während der sterbende Wolf sich hinter ihm wand.

Він знову завмер, поки вмираючий вовк виляв позаду нього.

Drei weitere Wölfe griffen schnell nacheinander an.

Ще три вовки швидко напали, один за одним.

Jeder von ihnen zog sich blutend zurück, die Kehle oder die Schultern waren aufgeschlitzt.

Кожен відступив, стікаючи кров'ю, з порізаними горлами або плечима.

Das reichte aus, um das ganze Rudel zu einem wilden Angriff zu provozieren.

Цього було достатньо, щоб вся зграя кинулася в шалену атаку.

Sie stürmten gemeinsam hinein, waren zu eifrig und zu dicht gedrängt, um einen guten Schlag zu erzielen.

Вони кинулися разом, надто нетерплячі та скупчені, щоб добре вдарити.

Dank seiner Schnelligkeit und Geschicklichkeit war Buck in der Lage, dem Angriff immer einen Schritt voraus zu sein.

Швидкість та майстерність Бака дозволили йому випередити атаку.

Er drehte sich auf seinen Hinterbeinen und schnappte und schlug in alle Richtungen.

Він крутився на задніх лапах, клацаючи крилами та б'ючись у всі боки.

**Für die Wölfe schien es, als ob seine Verteidigung nie geöffnet oder ins Wanken geraten wäre.**

Вовкам здавалося, що його захист ніколи не відкривався і не хитався.

**Er drehte sich um und schlug so schnell zu, dass sie nicht hinter ihn gelangen konnten.**

Він розвернувся і замахнувся так швидко, що вони не змогли відійти від нього.

**Dennoch zwang ihn ihre Übermacht zum Nachgeben und Zurückweichen.**

Однак їхня кількість змусила його поступитися та відступити.

**Er ging am Teich vorbei und hinunter in das steinige Bachbett.**

Він пройшов повз ставок і спустився в кам'янисте русло струмка.

**Dort stieß er auf eine steile Böschung aus Kies und Erde.**

Там він натрапив на крутий берег з гравію та землі.

**Er ist bei den alten Grabungen der Bergleute in einen Eckeinschnitt geraten.**

Він пробрався в кутовий виріз під час старої копальної роботи шахтарів.

**Jetzt war Buck von drei Seiten geschützt und stand nur noch dem vorderen Wolf gegenüber.**

Тепер, захищений з трьох боків, Бак стояв проти лише переднього вовка.

**Dort stand er in der Enge, bereit für die nächste Angriffswelle.**

Там він стояв осторонь, готовий до наступної хвилі штурму.

**Buck blieb so hartnäckig standhaft, dass die Wölfe zurückwichen.**

Бак так завзято тримався на своєму, що вовки відступили.

**Nach einer halben Stunde waren sie erschöpft und sichtlich besiegt.**

Через півгодини вони були виснажені та помітно розбиті.

**Ihre Zungen hingen heraus, ihre weißen Reißzähne glänzten im Mondlicht.**

Їхні язики звисали, а білі ікла блищали у місячному світлі.

**Einige Wölfe legten sich mit erhobenem Kopf hin und spitzten die Ohren in Richtung Buck.**

Кілька вовків лягли, піднявши голови та нашорошивши вуха до Бака.

**Andere standen still, waren wachsam und beobachteten jede seiner Bewegungen.**

Інші стояли нерухомо, пильно стежачи за кожним його рухом.

**Einige gingen zum Pool und schlürften kaltes Wasser.**

Кілька людей підійшли до басейну та напилися холодної води.

**Dann schlich ein großer, schlanker grauer Wolf sanft heran.**

Потім один довгий, худий сірий вовк тихо підкрався вперед.

**Buck erkannte ihn – es war der wilde Bruder von vorhin.**

Бак упізнав його — це був той самий дикий брат з минулого.

**Der graue Wolf winselte leise und Buck antwortete mit einem Winseln.**

Сірий вовк тихо заскиглив, і Бак відповів йому скиглинням.

**Sie berührten ihre Nasen, leise und ohne Drohung oder Angst.**

Вони торкнулися носами, тихо, без погрози чи страху.

**Als nächstes kam ein älterer Wolf, hager und von vielen Kämpfen gezeichnet.**

Далі йшов старий вовк, виснажений і пошрамований від численних битв.

**Buck wollte knurren, hielt aber inne und schnüffelte an der Nase des alten Wolfes.**

Бак почав гарчати, але зупинився і понюхав ніс старого вовка.

**Der Alte setzte sich, hob die Nase und heulte den Mond an.**

Старий сів, задер носа і завив на місяць.

**Der Rest des Rudels setzte sich und stimmte in das langgezogene Heulen ein.**

Решта зграї сіла та приєдналася до протяжного виття.

**Und nun ertönte der Ruf an Buck, unmissverständlich und stark.**

І ось поклик пролунав до Бака, безпомилковий і сильний.

**Er setzte sich, hob den Kopf und heulte mit den anderen.**

Він сів, підняв голову та завив разом з іншими.

**Als das Heulen aufhörte, trat Buck aus seinem felsigen Unterschlupf.**

Коли виття закінчилося, Бак вийшов зі свого кам'янистого укриття.

**Das Rudel umringte ihn und beschnüffelte ihn zugleich freundlich und vorsichtig.**

Зграя оточила його, обнюхуючи його водночас доброзичливо та обережно.

**Dann stießen die Anführer einen lauten Schrei aus und rannten in den Wald.**

Тоді ватажки верещали та кинулися геть у ліс.

**Die anderen Wölfe folgten und jaulten im Chor, wild und schnell in der Nacht.**

Інші вовки пішли за ними, гавкаючи хором, дико та швидко вночі.

**Buck rannte mit ihnen, neben seinem wilden Bruder her, und heulte dabei.**

Бак біг з ними поруч зі своїм диким братом, виючи на бігу.


**Hier geht die Geschichte von Buck gut zu Ende.**

Тут історія Бака доречно завершується.

**In den folgenden Jahren bemerkten die Yeehats seltsame Wölfe.**

У наступні роки йіхати помітили дивних вовків.

**Einige hatten braune Flecken auf Kopf und Schnauze und weiße Flecken auf der Brust.**

Деякі мали коричневе забарвлення на голові та мордочках, біле на грудях.

**Doch noch mehr fürchteten sie sich vor einer geisterhaften Gestalt unter den Wölfen.**

Але ще більше вони боялися примарної постаті серед вовків.

**Sie sprachen flüsternd vom Geisterhund, dem Anführer des Rudels.**

Вони пошепки розмовляли про Собаку-Привида, ватажка зграї.

**Dieser Geisterhund war schlauer als der kühnste Yeehat-Jäger.**

Цей Пес-Привид був хитріший, ніж найсміливіший мисливець на йіхатів.

**Der Geisterhund stahl im tiefsten Winter aus Lagern und riss ihre Fallen auseinander.**

Собака-привид крав з таборів глибокої зими та розривав їхні пастки.

**Der Geisterhund tötete ihre Hunde und entkam ihren Pfeilen spurlos.**

Собака-привид убив їхніх собак і безслідно уникнув їхніх стріл.

**Sogar ihre tapfersten Krieger hatten Angst, diesem wilden Geist gegenüberzutreten.**

Навіть найхоробріші їхні воїни боялися зіткнутися з цим диким духом.

**Nein, die Geschichte wird im Laufe der Jahre in der Wildnis immer düsterer.**

Ні, історія стає ще темнішою, з роками, що минають у дикій природі.

**Manche Jäger verschwinden und kehren nie in ihre entfernten Lager zurück.**

Деякі мисливці зникають і ніколи не повертаються до своїх віддалених таборів.

**Andere werden mit aufgerissener Kehle erschlagen im Schnee gefunden.**

Інших знаходять із розірваним горлом, убитих у снігу.

**Um ihren Körper herum sind Spuren – größer als sie ein Wolf hinterlassen könnte.**

Навколо їхніх тіл сліди — більші, ніж міг би залишити будь-який вовк.

**Jeden Herbst folgen die Yeehats der Spur des Elchs.**

Щоосені Йіхати йдуть слідами лося.

**Aber ein Tal meiden sie, weil ihnen die Angst tief im Herzen eingegraben ist.**

Але вони уникають однієї долини, бо страх глибоко закарбувався в їхніх серцях.

**Man sagt, dass der böse Geist dieses Tal als seine Heimat ausgewählt hat.**

Кажуть, що долину обрав Злий Дух для свого дому.

**Und wenn die Geschichte erzählt wird, weinen einige Frauen am Feuer.**

І коли цю історію розповідають, деякі жінки плачуть біля вогню.

**Aber im Sommer kommt ein Besucher in dieses ruhige, heilige Tal.**

Але влітку один відвідувач приїжджає до тієї тихої, священної долини.

**Die Yeehats wissen nichts von ihm und können es auch nicht verstehen.**

Йіхати не знають про нього та й не можуть зрозуміти.

**Der Wolf ist großartig und mit einer Pracht überzogen wie kein anderer seiner Art.**

Вовк — великий, укритий славою, не схожий на жодного іншого в своєму роді.

**Er allein überquert den grünen Wald und betritt die Waldlichtung.**

Він один переходить через зелений ліс і виходить на лісову галявину.

**Dort sickert goldener Staub aus Elchhautsäcken in den Boden.**

Там золотий пил з мішків зі шкіри лося просочується в ґрунт.

**Gras und alte Blätter haben das Gelb vor der Sonne verborgen.**

Трава та старе листя сховали жовтий колір від сонця.

**Hier steht der Wolf still, denkt nach und erinnert sich.**
Ось вовк стоїть мовчки, думає та згадує.

**Er heult einmal – lang und traurig – bevor er sich zum Gehen umdreht.**
Він виє один раз — довго та тужливо — перш ніж повертається, щоб піти.

**Doch er ist nicht immer allein im Land der Kälte und des Schnees.**
Однак він не завжди один у країні холоду та снігу.

**Wenn lange Winternächte über die tiefer gelegenen Täler hereinbrechen.**
Коли довгі зимові ночі опускаються на нижні долини.

**Wenn die Wölfe dem Wild durch Mondlicht und Frost folgen.**
Коли вовки переслідують дичину крізь місячне світло та мороз.

**Dann rennt er mit großen, wilden Sprüngen an der Spitze des Rudels entlang.**
Потім він біжить на чолі зграї, високо та шалено стрибаючи.

**Seine Gestalt überragt die anderen, aus seiner Kehle erklingt Gesang.**
Його постать височіє над іншими, а горло ожило від пісні.

**Es ist das Lied der jüngeren Welt, die Stimme des Rudels.**
Це пісня молодого світу, голос зграї.

**Er singt, während er rennt – stark, frei und für immer wild.**
Він співає, бігаючи — сильний, вільний і вічно дикий.

www.ingramcontent.com/pod-product-compliance
Lightning Source LLC
Chambersburg PA
CBHW011727020426
42333CB00024B/2767